Hubert Hecker

Der Kölner Kliniken- / Medienskandal

**Eine Fallstudie zu Skandalisierungsprozessen,
Schwarmjournalismus und Medienpreisen**

Hubert Hecker

Der Kölner
Kliniken- / Medienskandal

Eine Fallstudie zu Skandalisierungsprozessen, Schwarmjournalismus und Medienpreisen

Impressum

Bibliografische Information der Deutschen Nationalbibliothek:
Die Deutsche Nationalbibliothek verzeichnet diese Publikation in der
Deutschen Nationalbibliografie; detaillierte bibliografische Daten sind
im Internet über http://dnb.dnb.de abrufbar.

Hubert Hecker (*1947) ist Oberstudienrat a. D. mit den Fächern Geschichte, Politik, Wirtschaft und katholische Religion. Als Historiker
forscht er zur Regionalgeschichte. Er publiziert in den Bereichen neuere Geschichte, Religion und Medien, zuletzt mit einem Beitrag über den
SPIEGEL-Relotius-Komplex

Umschlaggestaltung: Hubert Hecker
Foto Heilig-Geist-Krankenhaus Köln-Longerich: © A.Savin, Wiki-
Commons (CCASA 3.0)

© 2021 Hecker, Hubert
Verlag: heckmedien, Dornburg
Druck: tredition GmbH, Hamburg
ISBN: 978-3-00-068482-1

Inhaltsverzeichnis

Vorwort des Autors

Nach den Erfahrungen der Pressestelle der Deutschen Bischofskonferenz beziehen sich etwa vier Fünftel der Medien-Anfragen auf Themen mit Skandalpotenzial – Sexualmoral, Rolle der Frau in der Kirche, Umgang mit Homosexuellen, Missbrauch etc. Der Pressesprecher des Erzbistums Köln, Markus Günther, als ehemaliger Chefredakteur selbst ein Medienprofi, verdichtet die Einschätzung zu der Aussage: *„Es gibt ein skandalgetriebenes Interesse an der Kirche"* (Die Tagespost 28. 11. 2019). Diese Tendenz wird in der vorliegenden Studie an einem Fall erläutert.

Am 16. 1. 2013 titelte die Tageszeitung Kölner Stadt-Anzeiger: *„Hilfe nach Vergewaltigung. Kirche setzt Ärzte unter Druck"*. Beide Titel-Thesen waren Falschmeldungen. Tatsächlich ging es nicht um *„Hilfe"* für eine mutmaßlich vergewaltigte Frau, sondern eine Untersuchung zu gerichtsverwertbaren Spuren. Mit einer zweiten Tatsachenbehauptung zu kirchlichem Druck auf Ärzte verbreitete die Zeitung ungeprüft ein Gerücht. Bei dem Vorgang, der der Zeitungsmeldung zugrunde lag, handelte es sich um einen krankenhausüblichen Routineakt: Zwei Ärztinnen hatten telefonisch beraten, wie und wo eine Patientin am besten versorgt werden könnte.

Wie konnte aus einem banalen Alltagsgeschehen ein Mediensturm entstehen, der drei Wochen lang über Kölner Kliniken, Kirche und Kardinal Meisner hinwegfegte? Was waren die Triebkräfte und Formen, die den medialen Skandalstrudel befeuerten?

Diesen Fragen geht die vorliegende Abhandlung im ersten Teil nach. Sie zeigt die Stufen der Skandalisierungsspirale auf: In den ersten beiden Publikationstagen standen für die Medien die Skandal-Vorwürfe zu der angeblichen *Abweisung einer Vergewaltigten und Hilfeverweigerung* im Vordergrund (2. bis 4. Kapitel). Danach weiteten sie die *Anklage gegen die katholischen Krankenhäuser* als vermeintlich Verantwortliche aus (5. und 6. Kapitel). Mit dem Komplex kirchliches

Arbeitsrecht wurde ein weiteres Skandalthema lanciert und damit die *Kirche als Institution* angegriffen (7. Kapitel). Schließlich löste der Kölner Stadt-Anzeiger mit den Themen: Haltung der Kirche zur ‚Pille danach' und *kirchliche Moral* eine vierte Skandalwelle aus (8. Kapitel). In der Sendung ‚Günther Jauch' (9. Kapitel) erreichte der Prozess der Skandalisierung seinen Höhepunkt und Abschluss. Die Kapitel 10 und 11 beleuchten Hintergründe und reflektieren das Gesamtgeschehen – mit dem Ergebnis: Der „Kölner Klinikenskandal" war eine Medienkampagne. Schließlich werden die Reaktionen der kirchlichen Pressestellen angesichts des Mediendrucks auf den Prüfstand gestellt.

Zwei Medienforen zeichneten die beiden hauptbeteiligten Redakteure mit Journalistenpreisen aus. Dieser Vorgang wird im zweiten Teil der Darstellung untersucht. Der Tenor in den Preisbegründungen lautete, dass die Lokaljournalisten mit ihren Darstellungen „in ganz Deutschland Aufmerksamkeit erregt" hätten. Mit der Formulierung war das Eingeständnis verbunden, Skandal-Beiträge für die mediale Erregungskultur prämiert zu haben. Die Analyse der Preisreden zeigt ein ähnliches Ergebnis wie bei den ausgezeichneten Relotius-Geschichten im SPIEGEL: Jurys lassen sich gelegentlich von journalistischen Darstellungen blenden, indem sie medialen Effekten wie Öffentlichkeitswirkung und Publikumsakzeptanz den Vorzug geben vor den berufsethischen Kriterien von Recherchesorgfalt und Wahrheitsanspruch. In diesem Fall hatte die Jury die Preisbegründung den Skandalformeln angepasst. Sie gab damit allen Journalisten das fatale Signal, dass Stimmigkeit und Stimmungsmache preiswürdiger wären als Richtigkeit und Faktenprüfung. Darin bestand der zweite Akt des Kölner Medienskandals. Weitere medienkritische Erwägungen runden die Untersuchung ab.

Besonderen Dank muss ich Rudolf Schöttler aussprechen. Er hat mich während der fünfjährigen Arbeit an dem Buch tatkräftig unterstützt mit Materialien, Kontaktherstellung und Korrekturen.

Dornburg, im Januar 2020

Hubert Hecker

I. Der Kölner Klinikenskandal war eine Medienkampagne

1. Die den Medienberichten zugrundeliegenden Tatsachen

Mitte Dezember 2012 wurde eine mutmaßlich vergewaltigte Frau in einer Notfallambulanz im Kölner Stadtteil Nippes erstbetreut. Die aufnehmende Ärztin Irmgard Maiworm wies die Frau auf das Risiko einer Schwangerschaft hin. Nach Beratung stellte sie ihr ein Rezept für die ‚Pille danach' aus. Anschließend sollte zur Sicherung von gerichtsverwertbaren Spuren eine gynäkologische Untersuchung erfolgen. Zu diesem Zweck rief ein Mitarbeiter der Notfallambulanz in der Gynäkologie-Abteilung des benachbarten St. Vinzenz-Hospitals an mit der Bitte um eine forensische Untersuchung.

Soweit der unumstrittene Teil des Erstberichts von diesem Vorfall durch den Kölner Stadt-Anzeiger (KStA) vom 16. 1. 2013. Dazu ein Auszug aus dem betreffenden Artikel:

> *„Es ist Samstag, der 15. Dezember 2012, als die Allgemeinmedizinerin Irmgard Maiworm in den Räumen des KV Notdienstes Köln-Nord e.V. in Nippes Besuch bekommt. Eine junge Frau in Begleitung ihrer Mutter betritt die Praxis an der Kempener Straße und berichtet, sie sei am Freitag auf den Kölner Ringen unterwegs gewesen und erst am Samstagnachmittag auf einer Bank in einer Seitenstraße in Kalk zu sich gekommen. Sie könne sich weder daran erinnern, wie sie dort hingekommen sei, noch was sich in der Zwischenzeit ereignet habe.*
>
> *‚Ich hatte sofort den Verdacht, dass die junge Frau mit K.o.-Tropfen betäubt worden sein könnte, so dass eine Vergewaltigung nicht auszuschließen war', sagt die 54-jährige Ärztin. Im Einverständnis mit dem Opfer ruft sie die Polizei, die den Sachverhalt aufnimmt. Anschließend soll zur Sicherung von Spuren eine gynä-*

kologische Untersuchung erfolgen. ‚Ich habe das mit der Frau be-
sprochen, sie auf das Risiko einer Schwangerschaft hingewiesen
und ihr nach eingehender Beratung ein Rezept für die ‚Pille da-
nach' ausgestellt.'[1)]

Das St. Vinzenz-Hospital sowie das ebenfalls kontaktierte Heilig-Geist-Krankenhaus gehören zur Hospitalvereinigung St. Marien
GmbH. In dieser Rechtsform sind acht Kliniken des Schwesternordens
der Cellitinnen sowie weitere medizinische Dienstleistungseinrichtun-
gen zusammengefasst. Neben diesem Klinikenverband besteht eine
GmbH von Seniorenhäusern. Beide Häusergruppen befinden sich unter dem Dach der Stiftung der Cellitinnen zur hl. Maria, im Folgenden
Hospitalstiftung genannt. Die Cellitinnen sind ein katholischer Schwes-
ternorden. Sein Name, abgeleitet von ‚cella', Klosterzelle, sowie die
Tradition der Krankenpflege gehen auf das 15. Jahrhundert zurück. Im
Jahre 2002 brachte der Orden alle seine Einrichtungen in die damals
neugegründete Stiftung ein.

Institutionen und Personen in diesem Kapitel:

» die Notfallambulanz-Praxis auf dem Gelände des St. Vinzenz-Hospitals

» KV = Kassenärztliche Vereinigung als Betreiberin der Notfall-
ambulanzpraxis

» Irmgard Maiworm, Notfallambulanzärztin, sowie deren Mitarbeiter

» Prof. Dr. Dietmar Pennig, ärztlicher Direktor des St. Vinzenz-Hospitals

» eine Klinikärztin aus der Gynäkologieabteilung des Hospitals

» eine Gynäkologin aus dem Heilig Geist-Krankenhaus

» der Verein Notruf und Beratung für vergewaltigte Frauen, Betreiber des Netzwerkes Anonyme Spuren-Sicherung (ASS)

Die beiden genannten Kliniken waren bis zum Herbst 2012 am Kölner ASS-Netzwerk beteiligt. ASS ist die Abkürzung von Anonyme Spuren-Sicherung. Damit ist eine spezielle Art von gynäkologischer Untersuchung gemeint. Mit Hilfe eines ASS-Untersuchungs-Sets werden alle medizinisch-kriminologisch relevanten Daten dokumentiert und archiviert. Somit können sich Vergewaltigungsopfer zwei Jahre Zeit lassen für ihre Überlegung, ob sie Anzeige erstatten wollen oder nicht.

Die Opfer sexualisierter Gewalt sind *„auf Grund der traumatischen Erfahrung oft nicht in der Lage, bezüglich der Strafanzeige eine zeitnahe Entscheidung zu treffen"*. So steht es im Info-Blatt des Vereins Notruf und Beratung für vergewaltigte Frauen [2]. Für die verstörte und traumatisierte Frau in der Notfallambulanz traf diese Zustandsbeschreibung zu. Die diensthabende KV-Ärztin Irmgard Maiworm wurde später mit den Worten zitiert: *„Sie glaubt nicht, dass das Opfer einer mutmaßlichen Vergewaltigung überhaupt in der Lage ist, eine informierte und autonome Entscheidung zu treffen"* [3]. Nach dieser Einschätzung war es folgerichtig, dass die Notfallambulanzärztin für ihre Patientin eine ASS-Untersuchung anstrebte.

Die beiden Cellitinnen-Kliniken waren jedoch drei Monate vor dem beschriebenen Vorfall aus dem ASS-Verbund ausgeschieden. Das geschah im Einvernehmen zwischen den gynäkologischen Abteilungen der beiden Krankenhäuser und dem ASS-Trägerverein Notruf und Beratung für vergewaltigte Frauen [4]. Anschließend wurden die ASS-Untersuchungssets aus den beiden Krankenhäusern abgeholt. Die Ärztin der Notfallambulanz, Irmgard Maiworm, hatte von diesem Vorgang nichts mitbekommen. Die Notfallpraxis lag zwar auf dem weitläufigen Gelände des St. Vinzenz-Hospitals. Der Träger der Einrichtung war aber die Kassenärztliche Vereinigung. Jedenfalls ging Maiworm davon aus, dass das St. Vinzenz-Hospital noch als ASS-Krankenhaus gelistet war. Das erklärte sie in einem späteren Gespräch mit einem Publizisten [5].

Als aus der Notfallambulanz am 15. 12. 2012 die gynäkologische Abteilung des St. Vinzenz-Hospital wegen der forensischen Untersuchung angerufen wurde, bekam sie laut Kölner Stadt-Anzeiger die Antwort: „...*nicht möglich!*"[6] Die zutreffende Auskunft erhielt sie auch von einer Gynäkologin aus dem Heilig-Geist-Krankenhaus. Beide Kliniken waren damals aus den genannten Gründen zu ASS-Untersuchungen weder befugt noch befähigt.

Theoretisch wäre es möglich gewesen, die Patientin im St. Vinzenz-Hospital für eine unspezifische gynäkologische Untersuchung aufzunehmen. Das war aber nach objektiven Kriterien nicht sinnvoll, wenn eine ASS-Untersuchung anstand. Denn in diesem Fall hätte sie anschließend noch einmal die Untersuchungsprozedur in einem ASS-Krankenhaus über sich ergehen lassen müssen.

Vor dieser unnötigen Doppeluntersuchung wollte die antelefonierte Klinikärztin die Patientin verschonen. Den ganzen Vorgang fasste der Ärztliche Direktor vom St. Vinzenz-Hospital, Prof. Dr. Dietmar Pennig, in einem WDR-Interview vom 22. 1. 2013 zusammen:

> „...*Die mutmaßlich vergewaltigte Patientin befand sich zum fraglichen Zeitpunkt unter ärztlicher Aufsicht in der Notfallambulanz, betreut von einer Ärztin.*
>
> *Dann gab es eine telefonische Anfrage der Notfallärztin zur gynäkologischen Abteilung des Krankenhauses in einem anderen Gebäude, wie nun weiter vorzugehen sei.*
>
> *Seit September 2012 ist unser Krankenhaus vom Netzwerk der Anonymen Spurensicherung abgemeldet gewesen. (...) Wir hatten also zu jenem Zeitpunkt gar nicht die technischen Möglichkeiten zur Verfügung, um einen sicheren Nachweis zu führen, ob eine Gewalttat vorliegt. Das heißt also, im Falle einer Anzeige hätte die Patientin ein drittes Mal ihre Geschichte erzählen und untersucht werden müssen in einer der zuständigen Kliniken. Darin sah die diensthabende Ärztin der gynäkologischen Abteilung eine zu große Belastung für die Patientin, so dass sie die Empfehlung gab, die Frau sogleich in ein städtisches Krankenhaus oder die Universi-*

tätsklinik zu überweisen, das dem Netzwerk der Anonymen Spu-
rensicherung angeschlossen ist. (....)". [7]

Die telefonisch kontaktierte Klinikärztin handelte also korrekt, als sie der Notfallambulanzärztin mitteilte, dass das St. Vinzenz-Hospital in diesem Fall nicht die richtige Anlaufstelle für eine forensische Spuren-sicherungsuntersuchung sei. Der Weiterverweis auf eines der zuständigen ASS-Krankenhäuser war medizinisch und ethisch gut begründet.

In gleicher Weise hätten wahrscheinlich evangelische oder städtische Kliniken ohne ASS-Legitimation reagiert, wenn sie zu einer foren-sischen Spurensicherung angefragt worden wären. Es lagen also nur sachliche Gründe für die telefonische Empfehlung zu einem anderen Krankenhaus vor – und nicht etwa konfessionelle oder ideologische Gründe, wie der Kölner Stadt-Anzeiger damals unterstellte

Vor dem ASS-Ausstieg hatte das St. Vinzenz-Hospital vergewaltigte Patientinnen entsprechend der Klinik-Richtlinie untersucht und be-treut. Der Kölner Stadt-Anzeiger bestätigte das in einem Bericht vom 18. 1. 2013: Am 7. 4. 2012 sei eine Vergewaltigte in der gynäkologischen Fachabteilung des St. Vinzenz-Krankenhauses stationär aufgenommen und behandelt worden [8]. Zu jenem Zeitpunkt gehörte die Klinik noch zu den ASS-Krankenhäusern.

Dagegen konnte das St. Vinzenz-Hospital acht Monate später, im De-zember 2012, zur Sicherung von gerichtsverwertbaren Spuren nicht sinnvoll weiterhelfen. Daraufhin wurde die Patientin in das Evangeli-sche Krankenhaus Kalk gebracht, das damals dem ASS-Netzwerk ange-schlossen war.

Dem unbefangenen Betrachter stellt sich die Frage: Wo ist in dieser transparenten, schlüssigen und gesetzeskonformen Konstellation ein Skandal zu entdecken, wie ihn die Medien damals verbreiteten?

Anmerkungen zum Vorgehen:

Den Ausführungen im ersten Kapitel liegt eine methodische Entschei-dung zugrunde. Die oben zitierte Interview-Aussage vom Klinikdirektor

Prof. Dr. Dietmar Pennig wird vorerst als die Darstellung der Geschichte angesetzt, die dem tatsächlichen Gesprächsverlauf zwischen Notfallambulanz und Klinik am nächsten kommt. Seine Aussagen stützen sich auf die Befragung der Klinikärztin. Sie haben weitere starke Stützen in den Publikationen der Presseorgane Die Welt und DER SPIEGEL. Nach der kritischen Sichtung der Veröffentlichungen des Kölner Stadt-Anzeigers, der weiteren Medienberichte sowie der Kliniken-Kommunikation wird dann im 11. Kapitel die Frage nach dem Wahrheitsgehalt aller relevanten Quellen aufgenommen, erörtert und zu einem differenzierten Ergebnis gebracht.

In den folgenden Kapiteln wird untersucht, mit welchen Methoden Medien und Politiker den beschriebenen Vorfall zu einem Skandal aufschaukelten. Es soll den handelnden Personen ausdrücklich keine bewusste Täuschungsabsicht, also Lüge unterstellt werden, wenngleich es die im Einzelfall gegeben haben mag. Nicht unwichtig sind allerdings die empirisch festgestellten Voreinstellungen von Journalisten zu ihren berufsethischen Regelvorgaben, was im letzten Kapitel behandelt wird. Vorurteilshaltungen sind aber auch aus den Texten der Protagonisten der Medienkampagne zu erschließen. Im Fokus der vorliegenden Untersuchung stehen jedoch die faktischen, nachprüfbaren Prozesse der Skandalisierung.

Dabei wird sich herausstellen, dass der *„Kölner Klinikenskandal"* ein Medienskandal war. Denn die Journalisten hatten keinesfalls einen Skandal aufgedeckt, wie es nach landläufiger Vorstellung heißt, sondern einen Skandalfall *„durch journalistische Grenzüberschreitungen"* inszeniert[9].

Skandale und Medien

Unter dem Begriff Skandal bezeichnet man gewöhnlich einen schwerwiegenden Verstoß gegen Recht und Gesetz, Anstand oder soziale Normen. Die Abgas-Manipulationen des Volkswagen-Konzerns sind in diesem Sinne als skandalöse Vorfälle zu bezeichnen.

Medien spielen heutzutage für die öffentliche Wirkung eines Skandals eine entscheidende Rolle. Sie können aber auch einen offensichtlichen Skandal totschweigen. Das war der Fall, als im Jahre 1999 in der Frankfurter Rundschau erstmals von dem massenhaften Kindesmissbrauch in der Odenwaldschule berichtet wurde – und damals keines der Massenmedien diesen Skandal weiterverfolgte. Beim VW-Abgas-Skandal wurde ein schwerwiegendes Vergehen von den Medien vergleichsweise nüchtern debattiert und kommentiert. Es steht also in der Macht der Presse, ob und wie skandalöse Vorfälle in der Öffentlichkeit bekannt gemacht, verbreitet oder eben verschwiegen werden.

Die skandalisierende Berichterstattung erfolgt nach eigenen Gesetzmäßigkeiten. *„Die Mechanismen der Skandalisierung"* [10)] hat der Medienwissenschaftler Hans Mathias Kepplinger in seinem gleichnamigen Buch untersucht, dem der Autor manche Einsicht verdankt.

Der Ausgangspunkt für Skandal-Berichte muss keineswegs ein wirklicher Missstand oder reales Vergehen sein. Es genügt, wenn die Skandal-Behauptungen eines Mediums plausibel sind. Entscheidend ist dabei, dass bei den ersten Skandal-Publikationen ein plausibles Deutungsmuster, das sogenannte Skandal-Schema, zur Interpretation des Geschehens vorgegeben wird. Das geschieht vielfach in der Form des Opfer-Täter-Musters, jedenfalls mit eindeutigen Schuldzuweisungen. Mit schlagkräftigen Etiketten kann eine Skandalisierung ebenfalls gefördert werden (*„Lustreisen-Affäre"*, *„First Class in die Slums"*, *„Kliniken-Skandal"* etc.)

Da die Selbstreferenz der Medien sowie die Kollegen-Orientierung der Journalisten besonders intensiv sind, werden überzeugende Skandal-Schemata sehr schnell von anderen Medien übernommen und womöglich verstärkt. Mit der Übernahme der Skandal-Perspektive wird die Skandalisierung zu einem medialen Selbstläufer. Die Kräfte und Gesetze des Schwarm-Journalismus' bewirken, dass sich die Skandalberichterstattung wie eine Medien-Kampagne darstellt, auch wenn sie nicht zentral gesteuert ist.

Besonders erfolgreich ist ein Skandalisierungsprozess, wenn in dem anfänglichen Skandal-Schema mehrere Empörungsthemen angelegt sind. Falls sich dann im Lauf der Kampagne ein Vorwurf abgenutzt hat, kann der nächste in den Vordergrund gerückt werden. Ebenso bewirkt eine Stapelung von Skandalvorwürfen eine Verstärkung oder Verlängerung der Kampagne.

Diese Effekte waren bei der Skandal-Eskalierung im vorliegenden Fall zu beobachten: Die sukzessiv aufgelegten Skandalthemen Abweisung einer Vergewaltigten, Hilfeverweigerung der Kliniken, Kündigung von Ärzten wegen der katholischen Morallehre, Verweigerung der ‚Pille danach‘ eskalierten nach drei Wochen zu einer finalen Tribunalisierung in der Sendung *„Günther Jauch"* mit der unbegründeten Anklage von einer *„gnadenlosen Kirche"*.

Dazu mehr in den Kapiteln 5 bis 9.

2. Redaktionelle Aufbereitung vom Kölner Stadt-Anzeiger

Der KStA-Beitrag vom 16. 1. 2013 war der Eröffnungsartikel zu einer beispiellosen Skandalkampagne gegen Kliniken und Kirche in Köln. In Wirklichkeit war nur der Hintergrund des berichteten Vorfalls skandalös: Eine junge Frau war vermutlich mit K.o.-Tropfen betäubt, vergewaltigt und am nächsten Tag auf einer Parkbank abgelegt worden. Die Umstände der Tat wiesen auf Banden-Kriminalität hin. Hier hätte ein investigativer Journalismus anzusetzen, der zumindest eine Schneise in das Täter-Milieu legen könnte, auf der die Polizei dann weiterarbeitete. Damit könnte man den Vergewaltigern signalisieren, dass man ihnen und ihren verabscheuungswürdigen Taten auf der Spur wäre. Doch nicht dieses skandalträchtige Täterthema verfolgte der KStA-Redakteur Peter Berger. Stattdessen benutzte er das Vergewaltigungsopfer als Aufhänger, um Kliniken und Kirche an den medialen Pranger zu stellen.

Wie machte das der Zeitungsreporter, wenn das zugrundeliegende telefonische Fachgespräch zur medizinischen Versorgung der Vergewaltigten nichts Skandalöses hergab? Der KStA-Journalist drehte die Sache so hin, als ob die mutmaßlich Vergewaltigte bei der Nachsorge zum zweiten Mal zum Opfer geworden wäre, diesmal durch katholische Ärzte, Kliniken und kirchliche Morallehre.

Berger hatte seinem Artikel die übliche Form eines objektiven Berichts gegeben. So vermittelte der Beitrag den Lesern sorgfältige Recherche und unparteiische Information. Doch der Kerntext war eingerahmt von kommentierenden und spekulierenden Aussagen. Titelzeile, Überschrift und Vorspann gaben dem Artikel eine tendenziöse Ausrichtung mit dem sogenannten Framing-Effekt, also der meinungslenkenden Einrahmung von Sachinformationen.

Es waren vor allem drei unwahre Behauptungen, mit denen Berger die Skandalisierungskampagne in Gang setzte:

» Das Hospital der Cellitinnen hätte Hilfe in einer Notsituation unterlassen.

» Katholische Kliniken verweigerten Heilbehandlung.

» Kirchliche Krankenhäuser würden Vergewaltigungsopfer abweisen.

Wie die drei Skandal-Behauptungen im Einzelnen ihr mediales Empörungspotential entfalteten, soll im Folgenden nachgezeichnet und analysiert werden.

Unterlassene Hilfeleistung in einer Notsituation?

Der KStA-Redakteur setzte in die Kopfzeile seines ersten Artikels die Wendung: *„Hilfe nach Vergewaltigung"* [11]. Mit dieser neutral formulierten Phrase wurde Bergers Interpretationsthese vorbereitet, dass die kirchlichen Kliniken Hilfe nach Vergewaltigung abgelehnt hätten. So steht es explizit im Artikeltext: Zwei katholische Kliniken hätten in einer *„Notsituation die Hilfe verweigert"* [12]. Berger brachte nicht den Hinweis zu der anfallenden ASS-Untersuchung, wie zwei andere Zeitungen das getan hatten. Mit dieser Auslassung sollte wohl seine Hilfeverweigerungsthese gestützt werden.

Tatsächlich ging es bei der telefonischen Nachfrage am St. Vinzenz-Hospital allein um *„eine gynäkologische Untersuchung zur Sicherung von Spuren"*. Das schrieb Berger selbst in dem besagten KStA-Artikel. Unter diesen Umständen war der Hinweis der Klinikärztin auf die forensische Unzuständigkeit sowie die Empfehlung an andere Häuser mit ASS-Kompetenz auch nicht im weitesten Sinne als Hilfeverweigerung zu interpretieren. Im Gegenteil: Die Weiterverweisung war eine wirkliche Hilfe für die Vergewaltigte, insofern sie vor den Belastungen einer Doppeluntersuchung bewahrt wurde.

Bergers Behauptung, katholische Krankenhäuser hätten einem Vergewaltigungsopfer *„die Hilfe verweigert"*, ist somit eine unwahre Darstellung. Ebenso unberechtigt war sein Vorwurf einer verweigerten Notbehandlung oder Ersten Hilfe. Denn als die Klinik angerufen wurde, hatte die Notfallpraxis die Erstbehandlung der vergewaltigten Frau schon geleistet – einschließlich Beratung und einem Rezept für die ,Pille danach'.

Die Behauptung von der verweigerten Hilfeleistung in einer Notsituation ließ Assoziationen von einem Verstoß gegen die gesetzliche Pflicht zur Nothilfe aufkommen. Das war ein medialer Wink an kirchenkritische Politiker. Die SPD-Kirchenbeauftragte Kerstin Giese reagierte entsprechend. Sie stellte Anzeige wegen unterlassener Hilfeleistung. Auch zur Ablehnung einer forensischen Untersuchung gingen bei der Staatsanwaltschaft Strafanzeigen ein. Alle diese Versuche zur Kriminalisierung der Kliniken erwiesen sich bald als haltlos. Der Behördensprecher sagte laut KStA-Bericht vom 31. 1. 2013: Es bestehe kein Anfangsverdacht auf eine Straftat. Ein Fall von unterlassener Hilfeleistung liege nicht vor. Weil die Patientin schon in der Notfallambulanz erstversorgt worden sei, habe für das Krankenhaus keine Pflicht zur Notfallbehandlung bestanden. Da die Kliniken auch keine gesetzliche oder vertragliche Verpflichtung zur Sicherung von Spuren hätten, sei der Vorwurf von Strafvereitelung durch Unterlassung ebenfalls gegenstandslos [13].

Die Meldung bedeutete eine Entlastung für Kliniken und Kirche. Dieser Bewertung wollte aber der KStA nicht folgen. Stattdessen versuchte er aus dem begründeten Ausschluss von weiteren Ermittlungen erneut einen Strick gegen die Krankenhäuser zu drehen. Der Titel des entsprechenden Artikels lautet: *„Katholische Kliniken werden nicht zur Rechenschaft gezogen"* [14]. Die Negativ-Aussage suggerierte das Gegenteil der staatsanwaltschaftlichen Entscheidung – etwa in dem Sinne: Der Verdacht wäre berechtigt gewesen, würde aber trotzdem nicht weiterverfolgt werden.

So wie der Vorwurf von verweigerter Hilfeleistung rechtlich gegenstandslos war, genauso wenig war die Zeitungsbehauptung moralisch plausibel: Ausgerechnet eine kirchliche Einrichtung sollte einer in Not geratenen Person Hilfe verweigert haben? Die Werke der Barmherzigkeit gegenüber Gewalt und Notopfern, Kranken und Schwachen sind geradezu das spezifische Signum der katholischen Kirche: anfangend mit dem biblischen Beispiel des barmherzigen Samariters, fortgeführt in der Hilfeleistung von St. Martin an einem Bettler, sichtbar in den zahlreichen katholischen Kranken- und Pflegeorden in Europa seit 800 Jahren, zu denen auch der Cellitinnen-Schwesternorden zählt. Der kirchenkritische Kölner Schriftsteller Heinrich Böll legte einmal das Bekenntnis ab: *„Selbst die allerschlechteste christliche Welt würde ich der besten heidnischen vorziehen, weil es in einer christlichen Welt Raum gibt für die, denen keine heidnische Welt je Raum gab: für Krüppel und Kranke, Alte und Schwache."* [15]

Oder war es vielleicht gerade diese kirchliche Tradition und Reputation, die den Reporter und seine Nachschreiber zur Gegenrede reizten? Bot der Vorfall kirchenkritischen Journalisten nicht die Gelegenheit, der Kirche den Spiegel der Verlogenheit vorzuhalten? Oder mit den Fingern auf die Katholiken zu zeigen – in dem Sinn: Ihr seid eben doch nicht so hilfsbereit, wie ihr vorgebt zu sein? Immerhin glaubt nach einer Befragung 43 Prozent von Presseleuten an die Scheinheiligkeit der katholischen Kirche [16]. Die teilweise hämischen Kommentare von Medienleuten und Politikern, wie in den weiteren Kapiteln aufgezeigt, weisen in diese Richtung. Die Unterstellung von Hilfeverweigerung ist auf dem Hintergrund der sozial-caritativen Reputation katholischer Hospitäler auch in Richtung Rufschädigung kirchlicher Kliniken zu erachten. Schließlich zielten die unberechtigten Vorwürfe von verweigerter Hilfe, Unbarmherzigkeit und Gnadenlosigkeit darauf, die moralische Autorität der Kirche zu delegitimieren.

Verweigerte Heilbehandlung?

Der Kölner Stadt-Anzeiger hatte mit seiner Publikation vom 16. Januar 2013 ein wirksames Skandalschema etabliert. Die erste Verbreitungswelle durch die Massenmedien, Nachrichtenagenturen und auch die sozialen Medien erfolgte ausschließlich mit Bezug auf den Bericht des KStA. Mit den anschließenden Empörungsreaktionen war der Skandalhunger nach weiteren Umschreibungen und Umständen geweckt. Die Kölner Zeitung schob am nächsten Tag, dem 17. 1., sechs weitere Artikel zu dem Fall nach. In den folgenden acht Tagen veröffentlichten Peter Berger und sein Kollege Joachim Frank täglich drei bis vier Beiträge zu dem Thema. Die Regionalmedien klinkten sich ebenfalls mit hoher Taktzahl in den Strom der Publikationen ein.

Die Variation der Skandalformel war eine weitere Methode, um neue Empörungsreaktionen zu erzeugen. Nach der ersten Anklage wegen unterlassener Hilfeleistung gebrauchte der Redakteur Berger in drei Folgeartikeln die Formulierung, die beiden Kliniken hätten bei dem Vergewaltigungsopfer die Behandlung verweigert. In einem Beitrag mit der Titelzeile: *„Politik will Vorgang prüfen"* heißt es ausdrücklich, dass dem *„Opfer einer Gewalttat in zwei katholischen Kölner Krankenhäusern die Behandlung verweigert"* worden wäre[17]. In dem Satz ist sowohl der Begriff Behandlung irreführend als auch das Wort verweigert falsch. Denn die nachgefragte forensische Untersuchung zählt nicht zu den pflichtmäßigen Behandlungen im Krankenhaus. Und die Absage bzw. Weiterverweisung der Patientin war sachlich begründet, nicht ein willkürliches Verweigerungsverhalten. Das Wort Behandlung in Kombination mit verweigern konnte bei den Lesern die Assoziation von verweigerter Heil-Behandlung suggerieren. Heilende Behandlung ist die spezifische Aufgabe eines Krankenhauses. Wenn diese verweigert würde, wäre das in der Tat ein skandalöser Vorfall. Aber so war es nicht.

Berichte über einen ungewöhnlichen Fall werden von den anderen Presseorganen gern übernommen, variiert und kommentiert. Daher stand der KStA-Redakteur Peter Berger damals mit seiner Erstpublikation in einer exponierten Stellung. Seine Darstellungen und Interpretationen wurden vielfach multipliziert in der ganzen Republik verbreitet. Aber auch seine Einseitigkeiten, Auslassungen, Falschdeutungen und Skandalformeln fanden über die Transmission zahlreicher Presseorgane den Weg zu Millionen Lesern und Mediennutzern.

Die Beachtung von sorgfältiger Recherche und wahrheitsgemäßer Darstellung von Vorgängen ist ein journalistischer Grundsatz. Der ist bei sensiblen oder gar skandalträchtigen Themen besonders wichtig. In diesem Fall war mit dem Bericht von einem Vergewaltigungsopfer und kriminalistischer Indikation ein hochemotionales Thema angesprochen. Unter solchen Bedingungen tragen Journalisten eine besondere berufsethische *„Verantwortung gegenüber der Öffentlichkeit"*. Darauf weist die Präambel des Pressekodex' hin [18].

Der KStA-Redakteur Peter Berger nahm diese medienethische Verantwortung nicht ausreichend wahr. Die unzutreffenden Skandalformeln von unterlassener Nothilfe und verweigerter (Heil-) Behandlung für ein Vergewaltigungsopfer setzten die Skandalisierungsspirale in Bewegung. Mit den emotional besetzten und antikirchlich gewendeten Signal- und Reizwörtern heizte Berger die mediale Phantasie an. Gerade unter diesen Umständen wäre die Einhaltung der Maxime des Pressekodex', Ziffer 1, besonders wichtig gewesen: *„.... die wahrhaftige Unterrichtung der Öffentlichkeit ist oberstes Gebot der Presse"* [19].

Abweisung eines Vergewaltigungsopfers?

Neben den zwei oben erläuterten Skandalformeln kam eine dritte Anklage hinzu: *„Kliniken weisen Vergewaltigte ab"* titelte Peter Berger in seinem zweiten Artikel [20]. Auch diese Formulierung der Abweisung einer Vergewaltigten war aus mehreren Gründen realitäts- und wahrheitsfern. Denn die handelnde Person war erstens eine Ärztin und nicht die Institution Klinik. Die Gynäkologin hatte zweitens eine Überweisungsempfehlung für eine zuständige ASS-Klinik gegeben und niemanden abgewiesen. Drittens war diese Mitteilung an die Notfallambulanz gerichtet und nicht an die Patientin. Viertens bestand nur ein telefonischer Kontakt zwischen zwei Ärztinnen. Fünftens konnte die Klinikärztin die Patientin der Notfallambulanz gar nicht abweisen, weil sie die Frau zu keinem Zeitpunkt zu Gesicht bekommen hatte. Trotz dieser Fehlerhaftigkeit wurde das Wort von der Abweisung einer Vergewaltigten durch katholische Kliniken zur bildmächtigen Zusammenfassung aller drei Skandalformeln. Es wurde am meisten und am längsten von den Medien verwendet und ging sogar in den Wortschatz des Erzbistums Köln ein (Näheres dazu im Kapitel 12).

Neben den drei aufgeführten Falschbehauptungen als grundlegende Skandal-Schemata schob der Kölner Stadt-Anzeiger in seinen Publikationen weitere fehlerhafte Aussagen nach. Das waren die folgenden drei Thesen: Beratungsverbot zur ‚Pille danach', generelle Abweisung von Vergewaltigten nach Weisung von Kardinal Meißner und *„Ärzte unter Druck"* Setzen durch Kündigungsandrohung. Mit dieser Stapelung von Skandalvorwürfen konnte die Medienkampagne für mehrere Wochen am Laufen gehalten werden. Alle drei Behauptungen stellten sich frühzeitig als reine Gerüchte heraus. Gleichwohl wirkten sie als Brandbeschleuniger im Skandalisierungsprozess.

Mit den angeführten Skandalformeln sowie den letztgenannten Vorwürfen war das Arsenal von Anklagen bereitgestellt, mit denen die Medien einen Tribunalisierungsprozess gegen katholische Kliniken und Kirche aufzogen. Die Notfallambulanzärztin spielte dabei die Kronzeugin. Sie wurde mit Bild und Aussagen vielfach in Szene gesetzt. Das Vergewaltigungsopfer dagegen blieb aus verständlichen Gründen in der Anonymität. Ebenfalls standen die Klinikärztinnen nie im Fokus. Direktion und Presseabteilung der Hospitalstiftung gaben die Identität der angerufenen Gynäkologinnen nicht preis. Daran hatten die Medien auch kein Interesse. Denn die Erstberichte des KStA wie die weiteren Pressemeldungen waren darauf angelegt, die beiden betroffenen Krankenhäuser als Täter der inkriminierten Vorgänge an den Pranger zu stellen. Die Presse spielte zunächst die Rolle der Anklage. Sie überschüttete die katholischen Kliniken mit Vorwürfen im Empörungsgestus. Später nahm sie auch den Richterpart ein. Sie ermächtigte sich selbst zu der richterlichen Urteilsfunktion. Nur fehlte den meisten Medien für diese Instanz die entscheidende Voraussetzung: Unabhängigkeit und Unparteilichkeit. Bei einem Großteil der Journalisten herrscht eine antikirchliche

Grundstimmung vor [21]. Erst recht waren die Medien gegenüber dem konservativen Sektor der Kirche parteiisch. Dem als rückständig verfemten Kölner Erzbistum unter Kardinal Joachim Meisner traute man zu, die Ärzte so zu bevormunden oder zu verunsichern, dass sie Vergewaltigte rigide behandeln würden [22]. Die Tendenz, über kirchliche Vorfälle einseitig und mit Vorurteilen zu berichten und zu richten, war unübersehbar.

3. Skandalisierung von Notfallambulanz und Zeitung

Wie im 1. Kapitel erwähnt, glaubte die Notfallambulanzärztin Irmgard Maiworm im Dezember 2012, dass die beiden Cellitinnen-Krankenhäuser noch als ASS-Kliniken gelistet waren. Daher fragte sie in den beiden Häusern nach dieser spezifisch-forensischen Untersuchungsmethode nach. Zwei Zeitungen, deren Journalisten mit Maiworm gesprochen hatten, bestätigen die entsprechende Anfrage: Die Tageszeitung Die Welt ergänzte ihren Bericht über die telefonische Nachfrage zu gerichtsverwertbarer Spurensicherung mit der Bemerkung: „... *auch zur Beweissicherung, falls die Frau Anzeige erstatten würde*" [3]. Noch deutlicher ist die ASS-Nachfrage aus dem SPIEGEL-Bericht zu erkennen: „... *eine gynäkologische Untersuchung soll Gewissheit bringen*" (ob eine Vergewaltigung vorliegt). „*Zudem möchte Maiworm, dass Spuren einer möglichen Straftat gesichert werden. Seit Juli 2011 gibt es in Köln das Projekt ASS.*" Nach dieser Untersuchungsmethode könnten die Vergewaltigungsopfer „*in Ruhe entscheiden, ob sie eine Anzeige bei der Polizei erstatten wollen.*" [24]

Wenn zwei renommierte Presseorgane aus dem Gespräch mit Maiworm die Anfrage für eine ASS-Untersuchung erwähnten, dann fragt man sich, warum der KStA-Reporter Peter Berger in seinem Erstbericht vom 16. 1. die spezifische Forensiknachfrage nicht anführte. Er schrieb zwar von einer „*gynäkologischen Untersuchung zur Sicherung von Spuren*". Doch mit dieser Formel wollte er ausdrücklich nicht die angefragte ASS-Untersuchung gemeint haben, sondern eine polizeilich angeordnete Beweissicherung [25]. Angesichts der zwei Zeitungsquellen sowie der ähnlich lautenden Erklärung der Klinikärztin liegt die Folgerung nahe: Der Kölner Stadt-Anzeiger ließ die Nachfrage der Notfallambulanzärztin nach einer Anonymen Spuren-Sicherung wegfallen. Die sachlichen Informationen zum ASS-Komplex passten nicht zu dem emotional aufgeladenen Skandalisierungsansatz.

Spätestens am Tag nach der Erstpublikation muss Berger aber doch gewusst haben, dass die beiden katholischen Krankenhäuser weder die Erlaubnis noch die medizinisch-technischen Geräte für die forensische Untersuchung hatten. Das wird aus seinem weiteren KStA-Artikel vom 17. 1. ersichtlich: Die ASS-Kooperation mit den zwei katholischen Kliniken sei *„schon vor Monaten"* beendet gewesen und die Untersuchungssets abgeholt worden [26]. Nach diesem Kenntnisstand von fehlender ASS-Kompetenz musste dem Journalisten klar gewesen sein, dass die Nicht-Aufnahme der Patientin aus sachlichen Gründen geschehen war. Daher durfte sie nicht als willkürliche Abweisung bewertet werden. Berger hätte seine frühere Behauptung von der Verweigerung einer Behandlung korrigieren müssen. Er tat es nicht. Im Gegenteil wiederholte er zusammen mit seinem Kollegen Joachim Frank in einem Artikel vom 18. 1. seine These: In den beiden Kliniken St. Vinzenz-Hospital und Heilig-Geist-Krankenhaus wäre *„vergewaltigten Frauen* (Plural!) *nicht geholfen worden"*[27].

Nach der Erörterung, wie die *Anfrage* nach der ASS-Untersuchung in den Medien behandelt wurde, ist nunmehr der Frage nach der Antwort aus dem St. Vinzenz-Hospital nachzugehen. Laut dem WDR-Interview mit dem ärztlichen Direktor des Krankenhauses sowie der Auskunft der Klinikärztin selbst hatte sie der Notfallambulanzärztin mitgeteilt: Das Hospital könne technisch und rechtlich keine forensische Untersuchung durchführen und empfehle deshalb eine andere ASS-Klinik. Diese Antwort tauchte weder im KStA-Bericht noch in den anderen Medien auf. Damit steht die Frage im Raum: Warum gab Irmgard Maiworm diese wichtige Mitteilung nicht weiter an die Medien?

Von Seiten der Notfallambulanz wurden am 15. 12. 2012 zwei Telefonate mit der Klinikärztin vom St. Vinzenz-Hospital geführt. Im ersten Anruf fragte ein Mitarbeiter der Praxis zu der forensischen Untersuchung nach. Der berichtete dann an Maiworm, *„dass eine solche Untersuchung nicht möglich"* sei – wegen der fehlenden ASS-Kompetenz. Danach rief die Notfallambulanzärztin selbst im St. Vinzenz-Hospital an. Auch in diesem zweiten Telefonat wurde ihr dieser Tatbestand mitgeteilt, was die Klinikärztin später bestätigte. Maiworm war also von der Nicht-Zuständigkeit der Klinik informiert und damit über den Grund, warum die Patientin nicht aufgenommen werden konnte. Doch die diesbezügliche Information spielte bei ihren Angaben gegenüber den Medien keine Rolle. Auch für die Notfallambulanzärztin passten die sachlichen Angaben der Klinikärztin nicht zu den späteren Anschuldigungen gegen Krankenhaus und Kirche. Insofern bildete das Weglassen der ASS-Mitteilung die Voraussetzung für den weiteren Skandalisierungsprozess.

Mit dem Hinweis auf die Gründe für die Nicht-Aufnahme der Vergewaltigten hatte das Telefonat eigentlich seinen Abschluss gefunden. Aber die beiden Ärztinnen setzten das Gespräch fort mit der Erörterung einer einfachen gynäkologischen Untersuchung. Diesen Teil der Beratung bewertete Maiworm laut KStA-Darstellung so: *„Sie habe einfach nicht glauben können, dass eine Kollegin in dieser Notsituation die Hilfe verweigert"* hätte [28].

Die beiden verräterischen Worte waren *„Notsituation"* und *„Hilfe verweigern"*. Wie schon im 2. Kapitel ausgeführt, konnte von einer Notfallsituation keine Rede sein. Denn die Notfallambulanzärztin hatte in ihrer Praxis selbst schon die Erstversorgung der Patientin vorgenommen. Erst recht war eine forensische Untersuchung nicht als Beseitigung einer Notlage zu charakterisieren. Mit ihrer unzutreffenden Dramatisierung von *„Notsituation"* und *„Hilfe verweigern"* gab Maiworm die Stichworte für die spätere Skandalisierung durch den KStA und andere Medien. Der Medienwissenschaftler Hans Mathias Kepplinger stellte dazu fest, dass Journalisten vielfach *„die skandalträchtigen Perspektiven von Skandalisierern im vormedialen Raum übernehmen"* [29].

Weitere Beobachtungen sprechen dafür, dass tendenziöse Informationsfilterung, Aussageverdrehungen und unangemessene Folgerungen der Notfallambulanzärztin aus einer antikirchlichen Vorurteilshaltung entstanden: Maiworm äußerte in ihrer Erzählung gegenüber dem KStA und späteren Interviews pauschale Abwertungen zu Kirche und kirchlichen Einrichtungen. In der Sendung Günther Jauch am 3. 2. 2013 sprach sie über das Telefongespräch mit der Klinikärztin in emotionalen Empörungsformeln wie *„erschüttert und fassungslos"* [30]. Sie denunzierte das Verhalten der Ärztin als *„Hilfeverweigerung"*. Die ethischen Haltungen und Richtlinien der Klinik, von denen sie nur einen verzerrten Halbsatz wiedergab, bewertete sie als *„menschenunwürdig und diskriminierend"*. Sie scheute auch nicht vor der Emotionsäußerung zurück, ein *„Gefühl wie im Mittelalter"* gegenüber der Kirche zu haben.

Angesichts des realen Vorgangs, einer Telefonberatung über die Versorgung einer Patientin, fällt die Absurdität dieser Aussage ins Auge. Gleichwohl setzte Die Welt in ihrer Ausgabe vom 17. 1. die antikirchlichen Ausfälle von Maiworm sogar in die Überschrift: *„Das ist für mich Kirche wie im Mittelalter"* [31]. Die maßlosen emotionsgeladenen Vorwürfe gegen katholische Kliniken und Kirche waren nicht in einem Sachverhalt begründet. Sie sind nur erklärbar aus antikirchlichem Ressentiment. Maiworms Vorurteilshaltung führte zu selektivem Interesse an den Vorgängen, etwa wenn sie Kliniken-entlastende Informationen nicht an die Medien weitergab. Weitere Sachaussagen der kontaktierten Klinikärztin verdrehte und verzerrte sie zu polemischen Anklagen.

Der KStA-Redakteur Peter Berger berichtet auf der Wächterpreisseite, dass seine Publikation nur aufgrund der *„guten persönlichen Kontakte"* zu der Kölner Ärztin Irmgard Maiworm zustande gekommen sei [32]. Da haben sich wohl zwei Personen bei dem Konstrukt einer Empörungsgeschichte in die Hände gespielt [33]. In diesem Fall gingen die Impulse für die skandalträchtige Perspektive von der Notfallambulanzärztin aus. Der Journalist Berger, der die unglaublichen Vorwürfe an die Kliniken eigentlich hätte nachrecherchieren müssen, setzte die Beschuldigungen eins zu eins in sein Presseformat um.

Mehr noch: Die falsche Behauptung Maiworms zu der angeblich verweigerten *„Hilfe nach Vergewaltigung"* stellte er in die Titelzeile seiner Erstpublikation. Aus einer unbegründeten Empörungsäußerung machte der Journalist eine Topmeldung in Form einer Tatsachenaussage. Die bildete den entscheidenden Anstoß für den folgenden Skandalisierungsprozess.

4. Richtigstellen und Falschverstehen

Kurz vor Veröffentlichung seines Erstberichts konfrontierte der KStA-Reporter Peter Berger die Pressestelle der Hospitalvereinigung der Cellitinnen zur hl. Maria mit den Behauptungen der Notfallambulanzärztin Irmgard Maiworm.

Nach deren Erinnerung hätte die Klinikärztin vom St. Vinzenz-Hospital die Ablehnung einer gynäkologischen Untersuchung mit folgenden Worten begründet: Eine Untersuchung von mutmaßlich Vergewaltigten sei der Klinik nicht erlaubt, weil dabei auch ein Beratungsgespräch über die 'Pille danach' stattfinden müsse, das mit katholischem Gedankengut unvereinbar sei. Diese Regelung habe die Ethikkommission der Klinik im Einvernehmen mit Kardinal Joachim Meisner erst kürzlich in Kraft gesetzt.

Richtigstellungen der Klinikärztin und der Kliniken-Pressestelle

Die Klinikleitung war verwundert über die angeblichen Aussagen ihrer Mitarbeiterin. Sie befragte umgehend die Klinikärztin nach dem Inhalt des Telefongesprächs. Dabei kam eine völlig andere Version zum Vorschein. Die wurde in einem Gesprächsprotokoll festgehalten [34].

Die Klinikärztin hatte zwei praktische Überlegungen vorgebracht, nach denen eine gynäkologische Untersuchung in der Klinik nicht stattfinden konnte:

» Als Hauptgrund für die Ablehnung einer forensischen Untersuchung führte sie die fehlende ASS-Kompetenz des Krankenhauses an.

» Wenn aber eine einfache gynäkologische Untersuchung gewünscht werde, so sah sie sich angesichts aktueller Belastungen in der Betreuung mehrerer Geburten nicht dazu in der Lage, auch weil mit der Behandlung Beratung zur 'Pille danach' und Dokumentation verbunden sei.

Die Ausführungen der Klinikärztin dürfen nicht nur als Gegendarstellung zu der KStA-Version gelesen werden, sondern eher als Richtigstellung. Denn sie ließ ihre eigenen telefonischen Aussagen protokollieren. Irmgard Maiworm dagegen gab die Mitteilungen des Telefongesprächs nur vom Hörensagen wieder, was Wiedergabemängel und Interpretationsfehler beinhalten konnte. Außerdem standen die Einlassungen der Klinikärztin im Einklang mit dem ASS-Komplex und der ethischen Richtlinie des Krankenhauses, die Aussagen Maiworms dagegen im nachweisbaren Widerspruch dazu.

Von den zwei Protokollaussagen der Klinikärztin ist die erste bereits hinlänglich behandelt worden. Nach der zweiten Aussage zeigte sich die Klinikärztin *bereit zu einer Untersuchung mit Beratung zur 'Pille danach'* und Dokumentation, wenn die praktischen Umstände auf der gynäkologischen Station es ihr erlaubt hätten. Maiworm dagegen behauptete, die Klinikärztin hätte das Gegenteil gesagt: Sie dürfe aufgrund der Vorgaben von Kliniken und Kirche *keine Untersuchung wegen eines Beratungsverbotes zur 'Pille danach'* durchführen. Nach den oben angestellten Überlegungen zu der telefonischen Kommunikation sowie der Tatsache, dass die behaupteten Vorgaben der Kirche nachweislich nicht existierten, muss die Darstellung der Notfallambulanzärztin als nicht zutreffend angesehen werden.

Die Pressestelle der Hospitalstiftung machte die nüchternen Protokollaussagen der Klinikärztin zunächst nicht öffentlich. Dabei hätte die Klinikleitung mit einer Publikation gleich zu Anfang der Medienkampagne die fehlerhaften Behauptungen von Irmgard Maiworm in Frage stellen können. Zumindest wären die Medien mit einer Aussage-gegen-Aussage-Konstellation konfrontiert gewesen. Doch die Klinikverantwortlichen hielten das Protokoll zurück. Erst nach fünf Tagen griff der ärztliche Direktor Prof. Dr. Dietmar Pennig im WDR-Interview auf die Protokollvermerke der Klinikärztin zurück. Damit konnte er die Falschaussagen der Presse zum ASS-Komplex richtigstellen, wie im 1. Kapitel dargelegt. Doch diese Veröffentlichung hatte damals auf den medialen Meinungsbildungsprozess keinen Einfluss mehr. Die Medien blendeten die neue Information, die nicht in das Skandalschema passte, komplett aus. Die Skandalformel von der angeblichen Abweisung einer Vergewaltigten war inzwischen durch die Masse von Berichten verfestigt worden.

Die Pressestelle der Hospitalvereinigung konzentrierte sich in den ersten Publikationstagen auf die Richtigstellung einer anderen fehlerhaften Aussage: die Behauptung von Notfallambulanzärztin und KStA, nach der die Ethikkommission der Klinik ein Beratungsverbot bei Vergewaltigten beschlossen hätte. Gegenüber dieser Falschbehauptung stellte die Klinikleitung klar, was in der *„Ethischen Stellungnahme zur Notfallkontrazeption bei Patientinnen, die vermutlich Opfer eines Sexualdelikts geworden sind"* tatsächlich festgelegt war [35]. Das entsprechende Papier hatte die Klinische Ethikkommission am 7. 11. 2012 verabschiedet, etwa fünf Wochen vor dem Telefongespräch der beiden Ärztinnen. Mit ihrer ersten Pressemitteilung vom 16. 1. 2013 legte die Klinikleitung Wert darauf, die positiven Regeln der Kliniken für die Behandlung von mutmaßlich Vergewaltigten aufzuzeigen [36].

Die handelnden Personen in diesem und den folgenden Kapiteln:

» Christoph Leiden, Leiter der Pressestelle der Hospitalvereinigung

» Dr. Silvia Klauser (Ph. D.), Referentin für Ethik in Medizin und Pflege

» André Meiser, Geschäftsführer vom St. Vinzenz-Hospital

» Dr. Wencke Ruhwedel, Chefärztin Gynäkologie / Geburt St. Vinzenz-Hospital

» die Klinikärztin vom St. Vinzenz-Hospital sowie

» eine Gynäkologin aus dem Heilig Geist-Krankenhaus

Die Autorin der Ethischen Stellungnahme, Dr. Silvia Klauser, stellte klar, dass das Regelwerk auf Initiative der Hospitalstiftung entstanden sei, also weder auf Betreiben noch in Absprache mit Kardinal Meisner. Das Papier habe man nach der Verabschiedung den Chefärzten der gynäkologischen Abteilungen vom St. Vinzenz-Hospital und dem Heilig-Geist-Krankenhaus übermittelt mit dem Auftrag, die Ärztekollegien entsprechend zu informieren.

Christoph Leiden, Pressesprecher der Hospitalvereinigung, erläuterte auf der Pressekonferenz am 17. 1. 2013 die Grundsätze der Ethischen Stellungnahme: In dem Papier würden mutmaßlichen Vergewaltigungsopfern *„umfassende medizinische Versorgung nach bestem ärztlichen Ethos"* zugesagt. In Punkt 3 konkretisierte man die gebotenen Aufgaben des Klinikpersonals unter den Überschriften *„Fürsorge"*, *„Schadensminderung"* und *„Autonomie"*. *„Im Falle eines vermuteten Sexualdelikts bedeutet Fürsorge, dass das medizinische Team der Patientin alle moralisch unbedenklichen Mittel zur medizinischen Gesundung zur Verfügung stellt. (...) Alle medizinischen Maßnahmen außer der Abgabe von Notfallkontrazeption müssen sofort angeboten werden."* Im Rahmen der Behandlung nach vermutetem Sexualdelikt bedeute Autonomie, *„dass die Patientin selbst sich für oder gegen die Einnahme von Notfallkontrazeption entscheiden kann"*. Auf jeden Fall *„muss die Patientin über alle weiteren Behandlungsmöglichkeiten informiert werden, damit sie selbst eine informierte und autonome Entscheidung treffen"* könnte. Die wichtigsten Informationen der Ethischen Stellungnahme wurden den Medien auf der Pressekonferenz am 17. 1. in Form einer Pressemitteilung weitergereicht [37].

Die anwesenden Journalisten waren damals über folgende Tatbestände informiert:

In den katholischen Krankenhäusern der Cellitinnen gab es kein Beratungsverbot zur ‚Pille danach'. Ebenfalls existierte keine Anweisung zur Nicht-Untersuchung von Vergewaltigungsopfern. Im Gegenteil sah die klinikeninterne Ethische Stellungnahme alle medizinisch notwendigen Behandlungen und Beratungen für mutmaßlich vergewaltigte Patientinnen vor, einschließlich der forensischen Spurenuntersuchung. Ohne Notfallkontrazeption auszugeben, sollten die katholischen Kliniken ihre Patientinnen soweit informieren und beraten, dass sie danach eine informierte und bewusste Entscheidung für oder gegen die Einnahme der ,Pille danach' treffen können. Das Konzept des Krankenhausträgers war darauf ausgerichtet, vollständig die Pflichtaufträge zur Patientenversorgung zu erfüllen.

Mit den belegbaren Klinikregeln der Ethischen Stellungnahme war eine wesentliche Stütze der Skandalformel weggebrochen. Nach dem Informationsstand vom 17. 1. hätten die Journalisten nicht mehr wahrheitsgemäß behaupten können, dass die katholischen Kliniken für die Abweisung von Vergewaltigten oder gar Hilfeverweigerung verantwortlich wären.

Gleichwohl verpuffte die sachliche Erklärung der Hospitalvereinigung. Die Medien ignorierten die Richtigstellung weitgehend. Damit verletzten sie eines der obersten Gebote des Pressekodex' – *„die wahrhaftige Unterrichtung der Öffentlichkeit"*.

Missachtung der Richtigstellungen durch die Medien

Bei der Konzentration der Hospitalstiftung auf Klarstellungen zur Ethischen Stellungnahme blieb weiterhin die KStA-These im medialen Raum stehen, die Klinikärztin hätte aus ideologisch-dogmatischen Gründen die gynäkologische Untersuchung der Vergewaltigten abgelehnt. An dieser Stelle zeigten sich die Nachteile von dem Versäumnis der Klinikenleitung, dass sie das oben erwähnte Gesprächsprotokoll nicht veröffentlicht hatte.

Bei einer Publikation der Aussagen hätte für Medien und Öffentlichkeit klar werden können, dass die Ärztin mit ihren rational-praktischen Erwägungen im Sinne der Ethischen Stellungnahme argumentiert hatte, also gegen das von Maiworm behauptete Beratungsverbot. Mit der Veröffentlichung des Protokolls wäre außerdem die Klinikärztin entlastet worden. Doch stattdessen kam es zu belastenden Aussagen von Seiten der Klinikenleitung. Der Pressesprecher der Hospitalvereinigung bestätigte indirekt die falsche Zeitungsversion, indem er sich für das vermeintliche Fehlverhalten der Klinikärztin entschuldigte. Christoph Leiden schob die Erklärung nach, dass die Ethische Stellungnahme wohl nicht ausreichend kommuniziert worden wäre. Anscheinend seien die betreffenden Informationen nicht in den beiden gynäkologischen Stationen angekommen. Daher hätte es dann zu dem *„Missverständnis"* zwischen der Klinikärztin und der Notfallambulanz kommen können.

Nach dem Informationsstand auf der Pressekonferenz vom 17. 1. konnten die Medien weiterhin von einem Fehlverhalten der Klinikärztin ausgehen, wie es der KStA in seinem Skandalschema festgeschrieben hatte.

Die These von der Abweisung einer Vergewaltigten durch eine Ärztin war zwar objektiv falsch. Aber man konnte und kann das Nicht-Wissen davon den Medien nicht zum Vorwurf machen, da die Hospitalvereinigung die korrigierenden Informationen nicht bereitgestellt hatte. Wenn daher in den weiteren Ausführungen von Fehlern der Ärztinnen aus den beiden Kliniken gesprochen wird, so ist ein behauptetes Fehlverhalten gemeint, wie es sich den Journalisten darstellte, nicht ein tatsächliches.

Nach der Vorstellung der Ethischen Stellungnahme ergab sich für die Medien eine neue Konstellation: Das angenommene Verhalten der beiden Krankenhausärztinnen stand erkennbar im Widerspruch zu den hausinternen Regeln der Hospitalvereinigung. Als Folge davon hätte die Presse höchstens von einem *„Einzelfall"*[38] oder regelwidrigem Verhalten der Ärztinnen berichten dürfen, das nicht in der Haltung des katholischen Klinikenverbandes begründet war.

In diesem Sinne stellte eine nordrhein-westfälische Landtagsabgeordnete bei der Parlamentsdebatte am 23. 1. fest, dass man wegen individuellen Fehlverhaltens von zwei Ärztinnen nicht die Kliniken und ihre Mitarbeiter an den Pranger stellen dürfte [39]. Doch genau das machten die Medien. Um ihre Kampagne am Laufen zu halten, suggerierten der

KStA und andere Medien kontrafaktisch, die Cellitinnen-Krankenhäuser wären die Verantwortlichen für die behauptete Abweisung einer Vergewaltigten.

An den Beiträgen von zwei Presseorganen kann man studieren, wie das dargestellte Fehlverhalten der Klinikärztinnen auf den Klinikenverband übertragen wurde. Journalisten vom SPIEGEL schrieben: *„Offenkundig herrscht in den betreffenden Kliniken des als besonders konservativ geltenden Kölner Erzbistums ein Klima"*, in dem die Ärzte *„offenkundig verunsichert"* seien bezüglich der Behandlung von Missbrauchsopfern. Die Ärzte stünden *„offensichtlich in einem Konflikt"* zwischen dem christlichen Dogma und ihrer ärztlichen Entscheidung [40]. Mit dem dreimaligen Gebrauch von *„offenkundig/offensichtlich"* zeigte das Hamburger Nachrichtenmagazin, dass es keine genauen Kenntnisse von den Zusammenhängen hatte, sondern nur schlussfolgernd spekulieren konnte.

Dabei kamen nur Vorspiegelungen von Evidenzen heraus. Auch die Begründungsworte *„Klima"* und *„verunsichert"* deuteten auf Vermutungen hin. So wurde mit freien Assoziationen der regelwidrige Einzelfall dem katholischen Krankenhaussystem in die Schuhe geschoben. Insbesondere die These von der Verunsicherung der Ärzteschaft hatte keinerlei Realitätsbasis. Das traf schon für die Zeit vor 2012 zu (vgl. die Nachweise im 8. Kapitel) und erst recht, nachdem die klaren Regeln der Ethischen Stellungnahme zur Behandlung von Vergewaltigungsopfer verabschiedet worden waren.

Es stellt sich die Frage, warum der SPIEGEL die angenommenen individuellen Fehler auf institutionelles Versagen von Kliniken und Kirche verlagerte. Dazu gibt das Wort von *„Kliniken des als besonders konservativ geltenden Kölner Erzbistums"* den entscheidenden Hinweis, dass die SPIEGEL-Journalisten mit ideologischer Voreinstellung an den Vorfall herangingen.

Auch der Kölner Stadt-Anzeiger beteiligte sich daran, die neuen Informationen der Hospitalvereinigung zu der Ethischen Stellungnahme beiseite zu schieben: Die Aussagen des Kliniken-Pressesprechers, dass auf dem Hintergrund des ethischen Regelwerks das Verhalten der Klinikärztin als missverständliche Auskunft und Kommunikationsfehler zu werten sei, stellte der KStA-Redakteur Peter Berger in den Verdacht der Unglaubwürdigkeit. Das führte er in seinem Artikel: *„Nur eine Kommunikationspanne?"* aus [41]. Der Redakteur, der bei Informationen aus dritter Hand oder Gerüchten keine Skrupel hatte, solche ungeprüften Nachrichten als Tatsachenbehauptungen zu verbreiten, stellte ohne Grund und Begründung die Aussagen des Pressesprechers zur Ethischen Stellungnahme in Frage.

Mit seiner Darstellung verwischte er den neu aufgetauchten Widerspruch zwischen den ausgewiesenen Regeln der Kliniken und dem behaupteten Verhalten der Klinikärztin. Diese Retuschierung ebnete den Weg für die Rückkehr zum ursprünglichen Skandalschema, nach dem die Klinikärztinnen nach Weisung von Hospitalstiftung und Kardinal die mutmaßlich Vergewaltigte abgewiesen hätten. Bei einer wahrhaftigen und objektiven Berichterstattung über die Pressekonferenz hätte der KStA zugeben müssen, dass seine Skandalmeldung vom Vortrag über ein Versagen der Kliniken falsch gewesen war. Doch statt Selbstkritik zu üben, bezweifelte er die belegten Informationen der anderen Seite.

Was der KStA vorführte, ist eine verbreitete Praxis vieler Presseorgane. Sie geben kaum jemals ihre eigenen Falschmeldungen von sich aus zu oder korrigieren sie gar. Seriös ist das nicht, dem Publikum Unfehlbarkeit vorzuspiegeln [42].

Der Kölner Stadt-Anzeiger setzte seine Empörungs-Kampagne unvermindert fort, als wenn es die Informationen zu den ethischen Regeln der Krankenhäuser auf der Pressekonferenz nicht gegeben hätten. Die Anklage gegen die Kliniken war in den folgenden Artikeln sogar noch massiver als vorher. Unter der Überschrift: *„Leserreaktionen: Große Empörung über Krankenhäuser"* [43] wurde die Falschbehauptung vom Vortag wieder in den Vorspann gesetzt: *„Zwei katholische*

Krankenhäuser haben ein Vergewaltigungsopfer abgewiesen". Die Leserbriefe füllten eine ganze Seite. Zusätzlich fasste ein Redaktionsbeitrag online-Zuschriften anti-kirchlicher Richtung zusammen. In der Wochenendausgabe zwei Tage später wurde dann wiederum ganzseitig *„eine Auswahl"* empörter Leserbriefe präsentiert [44]. Als Überschrift setzte die Redaktion an: *„Heftige Reaktionen der Leser auf die Kliniken und die Kirche. Schenke uns ewige Ruhe vor ihnen"*.

Der KStA schreibt wie alle Medien zu den Leserbriefspalten: *„Leserbriefe sind keine Meinungsäußerungen der Redaktion"*. Doch bei Skandalkampagnen wie dieser ist das anders: Die Zeitung hatte die Empörungswelle des Lesepublikums selbst erzeugt. Sie täuschte die Leser durch fehlerhafte Berichte, evozierte damit empörte Zuschriften, mit denen sie wiederum ihre Spalten füllte. Das gegenseitige Aufschaukeln von Redaktion und Leserschaft war ein weiteres Triebrad im Mechanismus der Skandalisierung.

Die *„Sammlung der online-Kommentare"* wurde genüsslich als Bestätigung des Skandalansatzes der Zeitung ausgebreitet und zur Verstärkung eingesetzt: Die Leser hätten *„großes Unverständnis über die Krankenhäuser"* geäußert, so der Vorspann-Kommentar. Im redaktionellen Einleitungssatz hieß es: *„Kaum ein User kann die Regeln der erzbischöflichen Krankenhäuser in Köln nachvollziehen"* [45].

Diese These war eine komplette Verdrehung der Tatsachen. Selbst wenn das Handeln der Ärztinnen als Abweisung gedeutet wurde, wäre das gegen die Regeln der Kliniken geschehen. Darüber hinaus standen und stehen die Krankenhäuser der Cellitinnen nicht in der erzbischöflichen Verantwortung.

Die Zeitung hielt es für sinnvoll, solche sinnfreien Online-Kommentare abzudrucken wie: *„Ich bin sprachlos!"* oder: *„Ein handfester Skandal! Wir leben im Jahre 2013!!!"* Die Zeitung präsentierte das als Ernte, was sie ausgesät hatte: *„Vergewaltigungsopfern jegliche Hilfe zu verweigern, ist das Gegenteil von christlicher Gesinnung."* Dann schloss sich der KStA den extremsten Meinungsäußerungen nach *„Konsequenzen* *für die verantwortlichen Krankenhäusern an: Man sollte in Erwägung ziehen, Krankenhäuser in katholischer Trägerschaft die Erlaubnis zu entziehen".*

5. Verstärkung der Skandalisierung durch den WDR

Neben dem Kölner Stadt-Anzeiger war der Westdeutsche Rundfunk von der ersten Stunde an führend an der Skandalisierung des Telefongesprächs zwischen zwei Ärztinnen beteiligt. Nachdem der KStA die Kampagne angestoßen hatte, fungierte der WDR als Verstärker. Mit insgesamt acht Film- und Textbeiträgen in einer Woche heizte die Kölner Lokalredaktion der Westdeutschen Rundfunkanstalt die Empörungswelle gegen die katholischen Krankenhäuser an. Dabei verstieß der WDR in mehrfacher Hinsicht gegen journalistische Grundsätze und Regeln.

Öffentlich-rechtliche Fernsehanstalten sind stärker als privatwirtschaftliche Medienhäuser auf seriösen und wahrheitsgemäßen Journalismus verpflichtet. ZDF und ARD-Sendeanstalten sind auf gesetzliche Programmgrundsätze festgelegt. In ihnen heißt es unter anderem, dass *„Nachrichten vor der Verbreitung mit der nach den Umständen gebotenen Sorgfalt auf Inhalt, Herkunft und Wahrheit zu prüfen"* seien[46].

Schon in der ersten Sendung zum Thema am 16. 1. 2013 verstießen die WDR-Redakteure gegen jene journalistische Selbstverständlichkeit: Eine Aussage der Notfallärztin vom Hörensagen wurde nicht hinreichend auf ihren Wahrheitsgehalt geprüft, sondern dem Publikum als Tatsachenbehauptung präsentiert.

Die Leiterin der WDR-Programmgruppe Regionales, Ulrike Wischer, rechtfertigte die Berichterstattung des WDR nach einer Programmbeschwerde: *„Für unsere Autoren gab es am ersten Tag der Berichterstattung nur diese Quelle (die Aussagen der Notfallärztin Maiworm), die beschrieb, was genau vorgefallen war"*[47].

Die Aussage war falsch: Waren an dem Vorgang – dem Telefongespräch zwischen zwei Ärztinnen – nicht zwei Seiten beteiligt? Somit gab es zwei Quellen, zu denen recherchiert werden konnte und musste. Dem Pressesprecher der Hospitalvereinigung hatte ein WDR-Redakteur mitgeteilt, dass er schon einige Zeit vor der Erstveröffentlichung des Kölner

Stadt-Anzeigers von dem Vorfall wusste und mit der Notfallambulan-zärztin Irmgard Maiworm im Kontakt stand [48]. Man hatte also Zeit ge-nug, auch bei den Kliniken eine Gegenrecherche anzustellen.

Zudem beschrieb Maiworm nicht sachliche Tatsachen dazu, *„was vor-gefallen war"*. Sie zitierte in indirekter Rede die von ihrem Mitarbei-ter kontaktierte Klinikärztin des St. Vinzenz-Hospitals. Die Informati-onsselektion und -verdrehung ist im 3. Kapitel aufgezeigt worden. Die Aussagen der Notfallambulanzärztin im WDR-Film sind auch nicht *„genau"*: Nach ihren Worten sei die Spurensicherungsuntersuchung deshalb von der antelefonierten Klinikärztin abgelehnt worden, *„weil dadurch – äh – weil damit – äh – weil danach ja auch über die ‚Pille danach' aufgeklärt werden müsste und ein Rezept ausgestellt werden müsste und das aber nicht vereinbar sei mit dem katholischen Gedan-kengut"* [49]. Diese erkennbar ungenaue bzw. unrichtige Originalaussa-ge im Filmbericht zeigt zudem, wie stark die schriftliche Wiedergabe dieser Aussage – etwa im Kölner Stadt-Anzeiger – geglättet, bearbeitet und verändert ist.

Der WDR präsentierte dem Publikum eine unsichere Meinung als Tat-sache und leitete daraus selbst eine falsche Folgerung ab: *„...deshalb weigern sich die Ärzte überhaupt, die Patientinnen aufzunehmen."* Da-rüber hinaus wird auch hier die Weigerungsthese unzulässig verallge-meinert auf alle Klinikenärzte. Im Titel und dem Textvorspann der Sen-dung werden die Aussagen noch weiter von Wahrheit und Wirklichkeit entfernt. Dort ist nicht mehr von einzelnen Ärztinnen oder Ärzten die Rede, sondern von zwei *„katholischen Kliniken"*, die ein *„Vergewalti-gungsopfer abgewiesen"* hätten [50].

In seinen Programmgrundsätzen behauptet der WDR großspurig, dass die *„nachhaltige Hintergrundberichterstattung seine große Stärke"* sei [51]. In diesem Fall wäre ein Hintergrundbericht über die Methoden des ASS-Netzwerkes sowie die fünf dafür zuständigen Krankenhäuser in Köln der Schlüssel zum Verständnis der Vorgänge gewesen. Damit wäre auch klar geworden, dass das St. Vinzenz-Hospital diese Untersuchung medizintechnisch gar nicht durchführen konnte. Die *„Abweisung"* hätte sich als unproblematische Weiterverweisung an ein ASS-Krankenhaus erwiesen – und der Skandal wäre vom Tisch gewesen. Erst am 29. 1. schob die Lokalzeit-Sendung einen Beitrag zur ASS-Thematik nach.

Statt die Öffentlichkeit nach sorgfältiger Recherche und in ausgewogener Darstellung zu informieren, verlegte sich der WDR zwei Wochen lang auf fehlerhafte Anschuldigungen gegen die katholischen Kliniken: Obwohl schon am Tag nach der Sendung zu dem Vorgang klar war, dass die Klinikregeln der vermeintlichen Abweisung entgegenstanden, klagte der WDR in allen acht Filmbeiträgen stets undifferenziert die *„katholischen Krankenhäuser"* an. Die WDR-Redakteure verstärkten ihre selbsterzeugte Skandalisierung mit Schlagzeilen wie am 18. 1.: *„Empörung über Verhalten von Kölner Kliniken"* [52]. Dabei kopierte der Sender die Titelzeilen des Kölner Stadt-Anzeigers, der einen Tag vorher getitelt hatte: *„Große Empörung über Krankenhäuser"*.

Der WDR als öffentlich-rechtliche Anstalt ist gesetzlich gehalten, bei kontroversen Themen dem *„Gebot der journalistischen Fairness"* zu entsprechen, indem auch die Stellungnahmen der anderen Seite gehört wird. Die Positionen der Cellitinnen-Krankenhäuser wurden zwar am Rande erwähnt, aber weder angemessen gewürdigt noch in die weitere Berichterstattung einbezogen. In sieben der acht WDR-Beiträge wurde für den Vorgang der Weiterweisung der Patientin an ein ASS-Krankenhaus das Falsch- und Negativwort *„Abweisung des Vergewaltigungsopfers"* gebraucht. In drei Beiträgen benutzten die WDR-Redakteure den unzutreffenden Begriff *„Verweigern"* – die angebliche Verweigerung von *„Hilfe"* oder *„Behandlung"*, wo es um eine technisch nicht durchführbare forensische Untersuchung ging.

In der ersten Woche nach der Erstpublikation stand im Fokus der WDR-Berichterstattung die Anklage gegen die Kliniken wegen der konstruierten Abweisung. Danach eröffnete der Sender eine neue Front gegen die Kirche und deren Nicht-Verschreibung der ‚Pille danach'. Auch zu diesem Thema verbreitete der WDR fehlerhafte Behauptungen: Bei der Definition von Leben habe *„die katholische Kirche eine andere Auffassung als der Staat. Ihrer Vorstellung nach beginnt das Leben bereits mit einer befruchteten Eizelle"*[53]. Die These, dass der Staat nicht den Zeitpunkt der Befruchtung als Beginn des Lebens ansehe, ist nicht zutreffend. Nach der Rechtsprechung des Bundesverfassungsgerichts beginnt menschliches Leben mit der Vereinigung von Ei und Samenzelle. Davon zu unterscheiden ist die gesetzliche Festlegung der Schwangerschaft. Sie beginnt juristisch mit dem Zeitpunkt der Einnistung der Eizelle.

Auf eine Programmbeschwerde des Autors hin behauptete die WDR-Verantwortliche für das regionale Fernsehen, *„dass das Rezept für die ‚Pille danach' im Krankenhaus ausgestellt werden musste"*[54]. Diese Behauptung ist falsch. Die Notfallkontrazeption gehört nicht zu den gesetzlichen oder vertraglichen Versorgungspflichten der Ärzte und Krankenhäuser. Das bestätigte die Kölner Staatsanwaltschaft. Der Geschäftsführer der Krankenhausgesellschaft NRW, Matthias Blum, erklärte: Jede Klinik habe gegenüber Patienten grundsätzlich Behandlungspflicht. Anders sehe es aus, wenn es um Abtreibungen oder die Verordnung der ‚Pille danach' geht. *„Es ist die freie Entscheidung jedes Trägers, ob er das macht oder nicht."*[55] In diesem Sinne betonte auch der Katholische Krankenhausverband das verfassungsmäßig geschützte Recht, bestimmte medizinische Leistungen wie Abtreibungen oder die Kontrazeption nicht anbieten zu müssen.

Die einseitige und unfaire Berichterstattung des WDR gegen die katholische Kirche und Krankenhäuser war nach den zwei Wochen medialem Dauerbeschuss nicht zu Ende. Mit der Dokumentation der Sendungen in der Mediathek betrieb der WDR selektive Medienpolitik: Drei die Kirche belastende WDR-Filmbeiträge waren auch noch nach einem Jahr in der Mediathek abrufbar. Die archivierten Sendungen vom 16., 17. und 23. 1. 2013 enthielten unsachlich-moralische Vorwürfen gegen die katholischen Krankenhäuser. Demgegenüber wurde ein die Kirche entlastendes Interview schon frühzeitig aus der Mediathek entfernt:

Die Lokalzeit-Sendung vom 22. 1. mit verschiedenen Richtigstellungen des Klinikdirektors Prof. Dr. Dietmar Pennig wurde schnell der Publikumsnachschau entzogen. Diese selektive Präsentation von vergangenen Sendungen legt den Verdacht nahe, dass der WDR auch in seiner Sendungsdokumentation eine anti-kirchliche Pressepolitik betreibt.

6. Katholische Kliniken im Fokus von Medien und Politikern

Nach den ersten Publikationen vom Kölner Stadt-Anzeiger und dem WDR stiegen fast alle Presseorgane bundesweit in den medialen Skandalzug ein. Doch in den ersten Berichten der großen Zeitungshäuser und Nachrichtenagenturen gab es deutliche Unterschiede. Am Beispiel der Tageszeitung Die Welt kann dargestellt werden, wie der Prozess der Skandalverfestigung vor sich ging: Der erste Bericht der Zeitung am Morgen des 17. 1. bezog sich zwar auf den Kölner Stadt-Anzeiger, bis auf die Titelzeile war der Beitrag allerdings deutlich zurückhaltender als seine Vorlage[56]. So fügte die Zeitung zur Abweisungsthese den Vorbehalt *„offenbar"* hinzu und schrieb *„laut Zeitungsbericht"*. Demnach soll der Grund für die Ablehnung der Untersuchung *„unter anderem"* die Vergabe der ‚Pille danach' gewesen sein. Der *anderen Seite* gab der Artikel breiten Raum: Der Pressesprecher der Hospitalstiftung habe die gemeldete Abweisung nicht bestätigt. Auch das *„Erzbistum bestreitet die Vorwürfe"*. Falls sie aber zuträfen, *„widerspreche dies der offiziellen Linie"*. Der Beitrag der Welt entsprach in etwa den journalistischen Grundsätzen von Objektivität und Ausgewogenheit in der Darstellung. Doch schon mit dem zweiten Artikel — weitgehend einem dpa-Beitrag folgend — schwenkte das Blatt auf den Skandalmodus ein. In dem 40zeiligen Bericht berücksichtigte man nur noch in vier Zeilen die Gegenseite[57]. Bei der Bewertung des Vorgangs stützte sich die Zeitung allein auf die Aussagen von Irmgard Maiworm: *„Zwei katholische Krankenhäuser lehnten das ab (Untersuchung und Hilfe)"*[58]. In einem Folgebeitrag drei Tage später verwandelten die Journalisten das Zitat in eine Realitätsbehauptung: *„... eine junge Frau <u>war</u> nach einer mutmaßlichen Vergewaltigung von zwei katholischen Krankenhäusern abgewiesen worden."*[59] Auch bei den anderen Medien wurden differenzierte Darstellungen selten. Man unterschied nicht mehr zwischen Aussagen aus dritter Hand und gesicherten Tatsachen. Aus der telefonischen Weiterempfehlung der Klinikärztin machte man eine reale Abweisung der Patientin. Die Ethische Stellungnahme als Rechtfertigung der Hospitalstiftung wurde mehr und mehr ausgeblendet. In der Folge schossen sich die meisten Medien auf die katholischen Kliniken ein. So titelte Der Tagesspiegel mit der Verallgemeinerung: *„Köln. Katholische Krankenhäuser lehnen Vergewaltigungsopfer ab"* [60]. Die Welt fabrizierte eine falsche und irreführende Überschrift: *„Missbrauch in Köln"* [61]. In dieser Entwicklung zeigten sich Strukturen des Skandalisierungsprozesses:

» Nach den ersten Berichten, die mit Zitaten und Realitätsvorbehalten eine *dargestellte Realität* vermittelt hatten, folgten Artikel mit Tatsachenbehauptungen, die eine *verifizierte Darstellung* über die beschriebenen Vorgänge suggerierten.

» Die skandalisierende Basisbehauptung von der Abweisung durch katholische Kliniken blieb in den Medien dominant; entgegenstehende Informationen wurden marginalisiert oder totgeschwiegen.

Die Fokussierung auf das angebliche Versagen der Krankenhäuser wurde von einem neuen Bildmotiv begleitet. Der KStA hatte zu seinen ersten Artikeln Symbolfotos mit Ärzten oder Schwestern aus dem Inneren einer Klinik gesetzt. Schon am 18. 1. folgte ein Artikel mit dem *„Eingangsportal des St. Vinzenz-Hospitals"* [62]. Die anderen Zeitungen folgten diesem Muster und brachten Außenaufnahmen von den beiden Krankenhauseingängen. Im Zusammenhang mit dem Begriff Abweisung war damit die Anmutung an die Leser verbunden, dass die Vergewaltigte an der Pforte von dem Krankenhaus abgewiesen worden wäre. Zu dieser Leser-Manipulation gehörte auch die dramatisierende Schilderung, die Patientin sei aufgelöst, mit verschmutzter Straßenkleidung, seelisch verletzt, erschüttert, weinend, vermutlich betäubt und vergewaltigt in der Notfallambulanz angekommen. Mit Redakteursphantasie lässt ein Journalist die Frau in das Krankenhaus eintreten.

Bei RTL.NEXT.de vom 21. 1. 2013 wird behauptet: *„Die Notärztin verwies sie* (die Vergewaltigte) *an eine Klinik, damit diese eine Spurensicherung durchführen konnte. In der katholischen Einrichtung ange-*

kommen, wird der 25-Jährigen die Behandlung jedoch verweigert."[63)]
Als der SPIEGEL am Abend des 17. 1. die Skandalgeschichte aufkochte, da hob er die vermeintliche Hilfeverweigerung in religiöse Dimensionen: *„Abweisung in Gottes Namen"*[64)].

Das Hamburger Nachrichtenmagazin bewegte sich wie die meisten Presseorgane im Rudel mit der falschen Skandalmeldung, dass *„zwei Krankenhäuser eine vergewaltigte Patientin abgewiesen"* hätten. Nur die Frankfurter Allgemeine vertrat die korrekte Gegenposition und sprach ein Halt! aus gegen die Verallgemeinerungen der Skandal-Journalisten: *„Es grenzt an Verleumdung, kirchliche Einrichtungen dem Generalverdacht auszusetzen, sie verweigerten Vergewaltigungsopfern tätige Hilfe"*[65)].

Das Skandalecho der Politiker

Nachdem der Kölner Stadt-Anzeiger das Skandalschema von der Abweisung einer Vergewaltigten etabliert hatte, die anderen Medien das Skandalformat verfestigten, folgte das Skandalecho der Politiker. Mit ihren Kommentaren erreichte die Dynamik der Skandalisierung eine dritte Stufe: Sie stellten moralische Bewertungen und Forderungen zu den für wahr gehaltenen Meldungen auf.

Im Unterschied zu Journalisten haben Politiker nicht die *berufsethische* Pflicht, Behauptungen auf den Wahrheitsgehalt zu prüfen. Sie dürfen sich in der Regel darauf verlassen, dass die seriösen Medien wahrheitsgemäß berichten. Insofern ist ihnen zu der Verwendung der fehlerhaften Meldungen kein Vorwurf zu machen. Doch der hypermoralische Ton ihrer Äußerungen wirkte sich als Brandbeschleuniger für die Skandalberichterstattung aus. Das wird ersichtlich aus der folgenden Dokumentation ihrer Statements:

Volker Beck, damals Bundestagsabgeordneter der Grünen, gab sich *„fassungslos"* angesichts der Zeitungsberichte, *„wie Ordensschwestern ihr Gebot der Nächstenliebe so vernachlässigen können"*[66)]. Er bewertete das vermeintliche Verhalten der katholischen Krankenhäuser als „menschenverachtende Handlungsweise". Auch die damalige stellvertretende Ministerpräsidentin von Nordrhein-Westfalen, Sylvia Löhrmann (Grüne), bemühte die Kategorie der Unmenschlichkeit: „Die skandalösen Vorgänge in Köln widersprechen eklatant dem christlich-sozialen Auftrag dieser Krankenhäuser. Einer vergewaltigten Frau nicht zu helfen, ist ein Verstoß gegen die Menschlichkeit."[67]

Die CDU-Politikerin Ursula Heinen-Esser ließ sich von der KStA-Skandalformel Hilfeverweigerung in Notsituation zu einer moralischen Betroffenheitsanklage anregen: „Ich persönlich empfinde es als zutiefst unchristlich und unbarmherzig, wie sich die Krankenhäuser gegenüber der Frau in Not verhalten haben."[68] Der CDU-Gesundheitspolitiker Jens Spahn haute ebenfalls auf die Empörungspauke. Er sagte laut Welt am Sonntag: „Wer das Opfer einer Vergewaltigung abweist, verletzt grob seinen Versorgungsauftrag. Solch ein Krankenhaus müsste man eigentlich vom Netz nehmen." Er fügte hinzu: „Das wäre die richtige Strafe für so viel Unmenschlichkeit."[69]

Mit ähnlicher Tendenz äußerte sich der SPD-Gesundheitspolitiker Karl Lauterbach. Er wurde mit den Worten zitiert, das Verhalten der Kliniken sei „hartherzig und erbarmungslos. Wenn sich das wiederholen sollte, müssten wir überlegen, ob die gynäkologische Notfallbetreuung überhaupt noch für katholische Krankenhäuser akzeptabel ist."[70]

Bei dieser Folgerung muss man allerdings dem Politiker eine fehlerhafte Wiedergabe der Pressemeldungen vorwerfen. Die hatten wahrheitsgemäß berichtet, dass die Patientin notfallversorgt war, als das Telefonat mit der Klinikärztin um die forensische Untersuchung getätigt wurde.

Einige Tage später drohte die SPD-Landtagsabgeordnete Daniela Jansen den kirchlichen Kliniken mit ähnlichen Worten den Entzug des Versorgungsauftrags an. Bei der Plenarrede im NRW-Landtag zum Thema „Abweisung vergewaltigter Frauen (Plural!) an katholischen Kliniken" ging die Politikerin ebenfalls davon aus, dass die Vergewaltigte bei der Erstbetreuung abgewiesen worden wäre[71].

Noch weiter von der Wirklichkeit entfernte sich Lukas Lamla von der Partei der Piraten: Es sei unterlassene Hilfeleistung, wenn Krankenhäuser Vergewaltigungsopfern Hilfe verwehrten und damit ihre Behandlungspflicht verletzen würden [72].

Gesellschaftliche Organisationen schalteten sich ebenfalls in den Proteststurm ein. Unter der Zwischenüberschrift *„Unterschriftenkampagne gegen die Hilfeverweigerung"* berichtete der Humanistische Pressedienst am 29. 1., dass pro familia NRW in der Woche vorher eine bundesweite Unterschriftensammlung gestartet habe. In dem Aufruf, gerichtet an die nordrhein-westfälische Gesundheitsministerin und den Bundesgesundheitsminister, wurde den katholischen Krankenhäusern unterstellt, *„Opferschutz und ärztliche Pflichten verletzt und aufgegeben"* zu haben [73].

Von vorsichtigeren Stimmen ist auch zu berichten. So machte der SPD-Gesundheitsexperte Karl Lauterbach in seiner Stellungnahme die Einschränkung: *„Bislang sei von einem Einzelfall auszugehen."* [74] Auch der Direktor des Evangelischen Krankenhausverbandes, Norbert Groß, glaubte an einen Ausnahmefall: Er habe noch nie zuvor von einer solchen Abweisung gehört [75]. Die bisherige Praxis zeige, dass die Verantwortlichen in den katholischen Einrichtungen im Umgang mit Frauen in vergleichbaren Notlagen die erforderliche Hilfe leisteten. Die nordrhein-westfälische Gesundheitsministerin Barbara Steffens (Grüne) formulierte ihre Anklage zumindest konditional: *„Wenn es die organisatorische Anweisung gegeben hat, vergewaltigte Frauen nicht zu behandeln, dann ist das ein Verstoß gegen den Versorgungsauftrag der Krankenhäuser."* [76]

Was zeigen die Stellungnahme der Politiker? Die meisten gingen davon aus, dass sich der Vorfall so ereignet hatte, wie ihn die Medien darstellten. Die irreführenden Falschdarstellungen verdichteten sich zu subjektiven Gewissheiten, aus denen die Politiker moralische Wertungen ableiteten. Für die Skandalisierten ergab sich die verzwickte Lage: Theoretisch mussten sie sich gegen falsche Tatsachendarstellungen und gegen falsche moralische Vorwürfe verteidigen. Sie hätten auf zwei Ebenen dagegen argumentieren müssen. Das war nahezu unmöglich, solange Medien und Politiker an ihrer Realitätsfiktion festhielten.

Ministerial-offizielle Entlastung für die Kölner Kliniken

Nach den ersten Publikationen der Skandalmeldungen hatte die NRW-Gesundheitsministerin von dem Krankenhausträger Hospitalstiftung der Cellitinnen zur hl. Maria Aufklärung zu den Vorwürfen eingefordert. Als Ergebnis der Unterlagenprüfung fasste die Pressestelle des Ministeriums am 23. 1. 2013 die gewonnenen Erkenntnisse in einem *„Zwischenfazit"* zusammen: *„Der Krankenhausträger konnte zwischenzeitlich u. a. durch Vorlage einer internen ethischen Bewertung vom 07. 11. 2012 deutlich machen, dass die Ablehnung der Aufnahme der Frau dem Selbstverständnis des Trägers widerspricht."* Somit sei *„nicht erkennbar, dass der Krankenhausträger sich nach krankenhausaufsichtsrechtlichen Prinzipien pflichtwidrig verhalten hat."* [77)] Das NRW-Gesundheitsministerium stützte sich bei dieser Bewertung des Falles auf Unterlagen, die schon seit der Pressekonferenz der Hospitalstiftung am 17. 1. 2013 den Medien bekannt waren, nämlich die Ethische Stellungnahme vom November 2012. Durch die ministerielle Würdigung dieses Dokuments waren die beiden betroffenen Kliniken auf ganzer Linie entlastet worden.

Die Medien dagegen hatten von Anfang an die Ethikrichtlinie ignoriert. Sie prangerten durchgehend die katholischen Kliniken der Cellitinnen als verantwortlich für die angebliche Abweisung der Vergewaltigten an. Als eine Woche nach der laufenden Medienkampagne von dritter, ministerialoffizieller Seite bestätigt wurde, dass die Krankenhäuser der Hospitalstiftung sich *„nicht pflichtwidrig"* verhalten hätten, kam das einer Ohrfeige für die Medienberichterstattung gleich. Nach Auskunft des Pressesprechers vom nordrheinwestfälischen Gesundheitsministeriums, Christoph Meinerz, war die oben erwähnte Pressemitteilung damals per E-Mail an alle relevanten Zeitungsredaktionen und Presseagenturen mit Standort in Nordrhein-Westfalen gesandt worden. Sie wurde jedoch kaum beachtet. Wenn man die Formulierungen der Presseerklärung des Ministeriums in eine Suchmaschine eingibt, so ergeben sich nur drei Treffer: Das Ärzteblatt, die Köln-Nachrichten und lifepr. de gaben die Pressemitteilung umfassend wieder. Die Redaktionen von katholisch.de und Dom-Radio brachten jeweils kurze Zusammenfassungen einer Meldung der katholischen Nachrichtenagentur kna. Auch die Nachrichtendienste vom evangelischen Pressedienst (epd) und dpa hatten Informationen zu der Regierungs-Pressemitteilung in ihrem Programm.

Als Sonderfall ist der Kölner Stadt-Anzeiger anzusehen. Der KStA brachte zwar in einem Artikel vom 23. 1. zwei kurze Hinweise auf die beiden relevanten Entlastungsaussagen des Gesundheitsministeriums. Er verfälschte aber schon im redaktionellen Vorspann die klare Aussage bis zur Unkenntlichkeit: *„Die katholische Kirche als Träger der Krankenhäuser habe mit der Abweisung der (!) Vergewaltigungsopfer dem Selbstverständnis widersprochen."*[78] Die Kirche und Kliniken entlastenden Aussagen wurden verdeckt: Abgewiesen wurden weder viele (*„die"*) noch ein Vergewaltigungsopfer. Vielmehr wurde die mutmaßlich Vergewaltigte auf Kliniken hingewiesen, die die angefragte Untersuchung vornehmen konnten. Nicht die katholische Kirche handelte, sondern der Krankenhausträger war die Hospitalgemeinschaft eines Pflegeordens. Auch der Zeitungsbezug auf das *„Selbstverständnis"* der Kirche war ein Ablenkungshinweis. Die behauptete Abweisung widersprach der Ethischen Stellungnahme der Kliniken, die der Lehre der katholischen Kirche entsprach.

Wie reagierten die übrigen Medienhäuser, die vielfach in mehreren Artikeln den betroffenen Kliniken die alleinige Schuld und Verantwortung für die angebliche Behandlungsverweigerung gegeben hatten? WDR, Die Welt, DER SPIEGEL, Der Tagesspiegel, WAZ und viele anderen Blätter hatten tagelang die katholischen Krankenhäuser mit falschen und irreführenden Behauptungen angegriffen. Sie alle berichteten nicht über die entlastende Richtigstellung. Die wurde systematisch totgeschwiegen. Die von den Medien gepuschte *„Kölner Klinikenaffäre"* war durch zwei Sätze aus dem Ministerium in sich zusammengebrochen – aber kaum ein Presseorgan meldete es! Damit war *endgültig* klar geworden: Der sogenannte Kölner Klinikenskandal war in Wirklichkeit ein Medienskandal.

7. Ausweitung des Skandals auf die Kirche allgemein

Auf der Pressekonferenz vom 17. 1. 2013 nahm die Klinikleitung neben der Richtigstellung bezüglich der Ethischen Stellungnahme weitere Klarstellungen vor. Eine betraf die KStA-Meldung von Kündigungsdrohungen. Die Notfallambulanzärztin Irmgard Maiworm hatte gegenüber der Zeitung behauptet, dass die Klinikärztin im Telefongespräch Folgendes gesagt habe: Die Klinik hätte kürzlich eine *„Dienstanweisung erlassen"*, nach der sowohl eine Beratung bei ungewollter Schwangerschaft wie auch eine gynäkologische Untersuchung von Vergewaltigten verboten seien. In einem Fall sei einer Kollegin deswegen bereits gekündigt worden. Auch forensische Beweissicherung sei unter *„Androhung der fristlosen Kündigung"* untersagt [79].

Mehrere Aussageelemente dieser Feststellung sind in den vorherigen Kapiteln als falsch nachgewiesen worden. Insbesondere enthielt die fälschlich Dienstanweisung genannte Ethische Stellungnahme weder ein Beratungsverbot bei ungewollter Schwangerschaft noch die Untersagung von gynäkologischen Untersuchungen bei Vergewaltigten. Wenn aber die genannten Verbote in der Klinik objektiv nicht existierten, dann hatten auch die angeblichen Sanktionen durch Kündigung bzw. Kündigungsdrohung keine Basis in der Wirklichkeit. Tatsächlich stellte sich die Kündigungsbehauptung als haltloses Gerücht heraus.

Der Geschäftsführer des Vinzenz-Hospitals, André Meiser, wies bei der Pressekonferenz darauf hin, dass sich bei Nachforschungen des Hospitals der Vorwurf nicht habe verifizieren lassen, dass *„Ärzten im Zusammenhang mit der Behandlung von Vergewaltigungsopfern oder wegen des Verstoßes gegen ethische Grundsätze gekündigt"* worden seien [80]. Auch der ärztliche Direktor der betroffenen Klinik, Prof. Dr. Dietmar Pennig, sagte in der WDR-Sendung ,Lokalzeit in Köln', in seiner 20jährigen Amtszeit sei eine entsprechende Kündigung definitiv nicht vorgekommen [81]. Die Unsinnigkeit der Kündigungs-Behauptung ergibt sich auch aus folgenden Überlegungen: Wenn es tatsächlich in dieser Angelegenheit zu einer fristlosen Kündigung gekommen wäre, dann hätte sich die Mitarbeitervertretung der Kliniken, also der Personalrat in kirchlichen Einrichtungen, eingeschaltet und damit den Fall publik gemacht. Doch auch von dieser Seite konnte keine Bestätigung der Kündigungsaussagen erbracht werden. Aus anderer Perspektive bezweifelte der Geschäftsführer der Krankenhausgesellschaft NRW, Matthias Bluhm, die Medienthese von der Angst der Ärzte vor dem Arbeitgeber: *„Das ist bei der jetzigen Situation auf dem ärztlichen Arbeitsmarkt unwahrscheinlich."* [82]

Stationsgerüchte als weitere Skandalformel

Der Kölner Stadt-Anzeiger setzte diese irrige Meinung in seinem Erstpublikationsartikel als Tatsachenbehauptung in die Titelzeile: *„Kirche setzt Ärzte unter Druck"* [83]. Die Zeitung führte keine Belege für ihre Behauptung an. Der Redakteur Berger stützte sich ausschließlich auf die Erzählung der Notfallärztin Maiworm. Deren Aussagen aus dritter Hand waren aber höchst unsicher. Denn sie berichtete von einem Mitarbeiter der Notfallambulanz, der ihr von dem Telefonat mit der Klinikärztin des St. Vinzenz-Krankenhauses mitteilte. Falls die Ärztin die Kündigungsthese vertreten hätte, dann wäre es wiederum eine Mitteilung vom Hörensagen gewesen. Bei einer solchen Erzähl-Kette über vier Stationen kann leicht die Wahrheit wie bei einer stillen Post untergehen. Jedenfalls ist darauf keine zuverlässige Berichterstattung zu gründen.

Der KStA-Journalist hatte augenscheinlich keine dieser Berichtstationen überprüft, als er das Gerücht über Druck und Drohung im St. Vinzenz-Hospital als Faktum in die Überschrift stellte. Es ist eine Minimalforderung des Pressekodex' in Ziffer 2: *„Unbestätigte Meldungen, Gerüchte und Vermutungen sind als solche erkennbar zu machen."* [84] Dass der Redakteur Berger diesen berufsethischen Grundsatz kannte, zeigte er in einem Artikel vom 17. 1. mit der Überschrift: *„Nur eine Kom-*

munikationspanne?" [85)] In diesem Fall stellte er eine Aussage vom Klinikensprecher der Hospitalvereinigung in Frageform in die Überschrift und kennzeichnete sie dadurch als noch nicht endgültig verifiziert. Warum machte er es nicht bei den weitaus unsicheren Informationen, die er aus dritter Hand bekommen hatte? Offensichtlich handhabe der KStA-Redakteur Berger die journalistischen Regeln selektiv: Als es um eine Richtigstellung der Kirche ging, da formulierte er zurückhaltend und meldete Zweifel an. Als aber Gerede und Gerüchte zum Schaden der Kirche in Umlauf waren, verbreitete er Kolportage als Tatsachenbehauptung. In der Dokumentation von Bergers Artikel bei der späteren Preisverleihung wurde seine Überschrift vom Druck auf die Ärzte noch einmal verschärft: *„Wer hilft, bekommt die Kündigung"* [86)]. Im zweiten KStA-Artikel vom 16. 1. stellt Berger das Gerücht von der Kündigungsdrohung ebenfalls als Wirklichkeit hin. Unter der Zwischenüberschrift: *„Fristlose Kündigung droht"* behauptete er: *„Ärzte (...) müssen mit fristloser Kündigung rechnen."* [87)]

Mit der Behauptung von Kündigungsdrohungen in katholischen Kliniken hatte der Kölner Stadt-Anzeiger neben den Thesen von Hilfeverweigerung und Abweisung durch die Kliniken eine weitere Skandalformel ohne Wahrheitsgehalt in die Welt gesetzt. Die Zeitung war ursächlich verantwortlich dafür, dass andere Medien in den folgenden Tagen diese skandalöse Zeitungsente weiter aufplusterten. Die Fraktion der Grünen im Bundestag versuchte, mit der vermeintlichen Kündigungsdrohung Wasser auf ihre Mühlen zu lenken. In der Pressemitteilung vom 18. 1. hängte sie an die Wiedergabe der Medienmeldungen ihre alte Parteiforderung an: *„Das kirchliche Arbeitsrecht gehört auf den Prüfstand."* [88)] Auch in der Sendung *„Günther Jauch: Wie gnadenlos ist der Konzern Kirche?"* vom 3. 2. 2013 wurde die Mediendarstellung über die Kölner Kliniken mit einer Infragestellung des kirchlichen Arbeitsrechts verbunden [89)].

Mit dem Komplex kirchliches Arbeitsrecht hatte sich der mediale Skandalfokus von den Kölner Krankenhäusern auf die Institution Kirche und ihre Regeln verschoben. Zu dieser Skandal-Erweiterung auf die Kirche allgemein legte die KStA-Redaktion wieder vor. Schon am 17. 1. hatte der Chefkorrespondent der Dumont-Zeitungsgruppe einen Kommentar für die Mitteldeutsche Zeitung geschrieben, in dessen Vorspann es heißt: *„Joachim Frank hält das Verhalten der katholischen Kirche im Fall vergewaltigter Frauen für skandalös."* [90] Die anderen Medien zogen im Empörungstonfall gegen die Kirche nach. Der SPIEGEL vom 17. 1. machte ebenfalls die Kirche für den Vorfall verantwortlich. Ein dpa-Artikel vom 18. 1., der von mehreren Zeitungen abgedruckt wurde, stellte die *„Moral der Kirche"* als Grund für *„Hilfeverweigerung"* der Kliniken dar [91].

Auch Politiker schwenkten auf die neue Stoßrichtung gegen die Kirche ein – etwa der Kölner SPD-Landtagsabgeordnete Martin Börschel: *„Ich erwarte von meiner Kirche, dass sie sich um die Nöte der Menschen kümmert, statt sie in unmenschlicher Härte abzuweisen."* [92] Die damalige nordrhein-westfälische Schulministerin Sylvia Löhrmann (Grüne) wetterte: Mit diesem Verhalten *„schadet sich die Kirche insgesamt"* [93]. Der Grünen-Chef von NRW, Sven Lehmann, forderte das Erzbistum auf, *„sich von seinen mittelalterlichen Dogmen zu verabschieden"* [94]. Die SPD-Kirchenbeauftragte Kerstin Griese schimpfte: *„Der katholische Klerus müsse darüber nachdenken, welche Folgen seine verqueren Moralvorstellungen haben können"* [95]. Der Tenor dieser Politiker-äußerungen bestand darin, die Kirche unter Generalverdacht zu stellen.

Erst nach einer Woche Skandalpublikation waren nüchterne Stimmen von Partei-Politikern gegenüber der Medienkampagne zu hören. In der NRW-Landtagsdebatte zu den Kölner Kliniken am 23. 1. 2013 wurde vom Kirchen-Bashing wieder auf die schlichte Ursprungshandlung zurückverwiesen: Die CDU-Abgeordnete Regina van Dinther stellte fest, dass die (vermeintliche) Abweisung der Frau ein Fehler von zwei Ärztinnen gewesen sei. Angesichts eines individuellen Fehlverhaltens warnte die ehemalige Landtagspräsidentin van Dinther davor, die Kirche *„wegen eines Fehlers (...) unter Generalverdacht zu stellen"*. Denn dies bedeute, „*Menschen, die tagtäglich aufopfernd auf der Seite der Schwachen arbeiteten, mit Vorwürfen zu überziehen, die zwar Vorurteile bedienen, aber nicht der Realität entsprechen*"[96]. An den Fakten orientierte sich auch die Ministerin für Gesundheit, Emanzipation, Pflege und Alter, Barbara Steffens (Bündnis 90 / Die Grünen), indem sie in ihrer Landtagsrede darlegte: Der Vorfall sei als Einzelfall einzustufen. Jedenfalls sei „*dem Krankenhausträger (...) kein Organisationsverschulden nachzuweisen*"[97]. Auch die FDP-Fraktion im nordrhein-westfälischen Landtag „*sprach sich klar dagegen aus, die katholische Kirche unter den Verdacht zu stellen, Opfern von Vergewaltigung generell die Behandlung zu verweigern*", wie das viele Medien getan hatten. Im gleichen Sinne äußerte sich die FDP-Abgeordnete Susanne Schneider [98].

Die Aussagen von drei Landespolitikerinnen wurden von den meisten säkularen Presseorganen ebenso ignoriert wie das offizielle Ergebnis der ministeriellen Prüfung des skandalisierten Vorfalls (siehe vorheriges Kapitel 6). Immerhin ergriffen hier Vertreterinnen von einer Regierungspartei sowie den Oppositionsparteien das Wort. Und der FDP sowie den Grünen kann man wirklich nicht befangene Nähe zur Kirche zuschreiben. In dem Zusammenhang ist es aufschlussreich, die regierungsamtlichen Verlautbarungen mit den Pressepublikationen zu vergleichen. Die NRW-Ministerin Steffens hatte nach den ersten Skandalmeldungen der Medien die zurückhaltende Weisung ausgegeben: „*Vor einer Aufklärung des Sachverhalts sei es nicht möglich, den konkreten Fall zu bewerten.*"[99] Viele Presseorgane gingen dagegen umgekehrt vor: Sie bewerteten den Vorgang, bevor der Sachverhalt eindeutig geklärt war.

8. Anklagen gegen die kirchliche Moral zur ‚Pille danach'

Der Vorspann des KStA-Beitrags von Peter Berger vom 16. 1. 2013 enthielt die unwahre Tatsachenbehauptung: *„Katholische Krankenhäuser dürfen Vergewaltigungsopfer nicht über die Pille danach aufklären."*[100)] Dass im Artikel selbst die entsprechende Aussage in indirekter Rede als Zitat der Klinikärztin wiedergegeben wurde, war bezüglich der medialen Verbreitung nicht relevant. Die auf die Erstpublikation folgenden Darstellungen in den verschiedensten Medien folgten weitgehend der Vorspann-Aussagen des KStA-Artikels. Darüber hinaus hatte der Kölner Stadt-Anzeiger die Falschaussage zum Beratungsverbot über die ‚Pille danach' so hingedreht, als wenn sie Handlungsmaxime vieler oder aller katholischer Krankenhäuser wäre. Damit trug die Kölner Zeitung entscheidend zu der exzessiven Skandal-Empörung in der

---

Übersicht zu den Eskalationsstufen des medialen Skandalthemas:

» In den ersten beiden Publikationstagen stellten die Medien die Skandal-Vorwürfe zu der angeblichen Abweisung einer Vergewaltigten und Hilfeverweigerung im Vordergrund (2. und 3. Kapitel).

» Danach stand die Anklage gegen die katholischen Krankenhäuser als vermeintlich Verantwortliche im medialen Fokus (4. bis 6. Kapitel).

» Mit dem Komplex kirchliches Arbeitsrecht wurde ein weiteres Skandalthema aufgenommen und damit die Kirche allgemein an den Pranger gestellt (7. Kapitel).

» Schließlich löste der Kölner Stadt-Anzeiger mit den Themen: Haltung der Kirche zur ‚Pille danach' und kirchliche Moral eine vierte Skandalwelle aus (8. und 9. Kapitel).

Öffentlichkeit bei, die in einem Generalverdacht gegen die Kirche und ihre Moralvorstellungen mündete. Insbesondere wurde das kirchliche Lebensschutzkonzept angegriffen.

Kirchliche Lehrmeinung zu Abtreibung und ‚Pille danach‘

Die Lehre der Kirche zum Lebensschutz beinhaltet die Auffassung, dass Abtreibung in jeder Form ein Unrecht sei. Die kategorische Ablehnung von Abtreibung stützt sich auf das fünfte der Zehn Gebote: ‚Du sollst nicht töten!‘ Im speziellen Fall der Ungeborenen kann sich das Tötungsverbot auf das säkulare Grundrecht auf Leben stützen (Artikel 2 Absatz 2 Grundgesetz). Das Bundesverfassungsgericht hat das Lebensrecht der Ungeborenen als von Anfang an geltend bestimmt, also ab dem Zeitpunkt des Verschmelzens von Ei- und Samenzelle [101]. Sobald ein Präparat im begründeten Verdacht steht, dass es abtreibende Wirkung hat, greifen die genannten ethischen Bedenken. Dieser Vorrang des Lebensschutzes gilt nach katholischer Auffassung auch bei Vergewaltigung. Denn durch die Abtreibung eines gezeugten Kindes würde der abscheulichen Vergewaltigungstat mit der Tötung eines Ungeborenen eine weitere Gewalttat hinzugefügt.

Auf diesen moralischen und rechtlichen Prinzipien war die Ethische Stellungnahme der Hospitalstiftung aufgebaut: keine Verschreibung der ‚Pille danach‘, da sie abtreibend wirken kann, aber ansonsten umfassende Heilbehandlung für vergewaltige Patientinnen. Nach dem Grundsatz der Autonomie soll eine Vergewaltigte auch über die Notfallkontrazeption informiert werden für eine selbstbestimmte Entscheidung. Wenn eine Patientin sich dann für die Einnahme der ‚Pille danach‘ entscheiden sollte, würde sie zu einem Arzt oder Krankenhaus weitergeleitet und begleitet, wo das Präparat verordnet und verabreicht werden könnte.

Keine Geringere als die nordrhein-westfälische Gesundheitsministerin Barbara Steffens bestätigte und bekräftigte die rechtliche Grundlage für Haltung und Verhalten der kirchlichen Krankenhäuser zur Vergabe der ‚Pille danach‘: Auch für den Falle einer Vergewaltigung stellte sie klar, *„dass das eine Leben* (der Vergewaltigten) *nicht gegen das andere Leben* (des Ungeborenen) *ausgespielt“* werden dürfe [102]. Für das praktische Vorgehen führte die Gesundheitsministerin weiter aus: *„Wenn allerdings eine Frau nach einer Vergewaltigung in einem Krankenhaus zur stationären Behandlung aufgenommen wird, müsse sie dort die Möglichkeit erhalten, selbstbestimmt über die Einnahme der ‚Pille danach‘ zu entscheiden. Sofern ein Krankenhaus nicht bereit ist, dieses (…) Angebot im Rahmen der Versorgung von Vergewaltigungsopfern sicherzustellen – beispielsweise im Wege einer Kooperation mit konfessionslosen Ärztinnen und Ärzten, sollte eine Versorgung auf anderen Wegen“* gewährleistet werden [103]. Diese Original-Aussagen der Ministerin entsprechen im Duktus und sogar in einzelnen Formulierungen der Ethischen Stellungnahme der katholischen Krankenhäuser des Cellitinnenordens vom 7. 11. 2012.

Im Übrigen hatte die Hospitalstiftung in dem genannten Dokument ethische Grundsätze formuliert, nach denen die katholischen Krankenhäuser schon länger handelten. So bestätigte die Chefärztin der Gynäkologie im St. Vinzenz-Hospital, Dr. Wencke Ruhwedel, dass *„ihr Haus seit Jahren betroffene Frauen, die sich zu diesem Schritt* (Einnahme der ‚Pille danach‘ – H.H.) *entschlossen haben, an andere Ärzte überweist“* [104]. Auch im Eitorfer Franziskus-Krankenhaus im Rhein-Sieg-Kreis wurde so verfahren. Die Geschäftsführerin Marlies Gabriel erklärte: *„Wir verfolgen christliche Grundwerte. Deshalb führen wir selbst keine Maßnahmen zum Schwangerschaftsabbruch aus, keine Pille danach und keine Abtreibungen.“* [105] Das Haus würde aber alles tun für die Patientinnen, um die rasche Überweisung und den Transport zu gewährleisten. *„Wir helfen, so gut wir können. Dafür sind wird doch da.“* [106] Diese Formulierung hatte der KStA in die Überschrift genommen und im Vorspann behauptet, das sei in *„manchen Krankenhäusern in Köln“* nicht der Fall. Die Hilfestellung im Eitorfer Krankenhaus bezog sich aber auf die Überweisung von Patientinnen an Ärzte, die die

‚Pille danach' verschreiben. Doch genau eine solche Weiterverweisung wurde auch im St. Vinzenz-Hospital seit Jahren praktiziert, wie oben von der dortigen Chefärztin der Gynäkologie bestätigt. Auf dem Hintergrund der ministeriellen Erklärung, der rechtlichen Vorgaben und dem praktischen Vorgehen der katholischen Krankenhäuser stellen sich auch hier zu dem Komplex katholische Lebensschutzethik ähnliche Fragen wie im Kapitel 1: Wo ist in dieser transparenten, schlüssigen und rechtskonformen Praxis katholischer Krankenhäuser zur ‚Pille danach' ein Skandal zu entdecken? Wo besteht ein Ansatz zu Empörung?

Ressentimentgeladene Kommentare

Ausgangspunkt und treibende Kraft zu dem Komplex ‚Pille danach' und kirchliche Morallehre war wiederum der Kölner Stadt-Anzeiger. In der Redaktion gab es eine Art Arbeitsteilung: Der *„Chefreporter"* Peter Berger hatte in diesem Fall die journalistische Aufgabe, auf der Basis der Skandalformeln die Berichte aufzubereiten. Dem *„Chefkorrespondenten"* der Zeitung, Joachim Frank, war es vorbehalten, daraus in Kommentaren scharfe Anklagepunkte zu formulieren.

Für die Einordnung der Frank'schen Kommentare sind sein Werdegang und Selbstverständnis zu berücksichtigen. Von Haus aus ist Frank diplomierter Theologe. Nach Priesterweihe und Promotionsstudium in Rom war er zwei Jahre als Kaplan in der Gemeindeseelsorge tätig. 1994 ließ er sich laisieren und wandte sich beruflich dem Journalismus zu. In seinen Beiträgen zum kirchlichen Geschehen nutzt Frank seine theologische Kompetenz als linksliberaler Parteigänger für eine andere Kirche [107]. Jedenfalls findet man selten Artikel, in denen er als neutraler Beobachter und unabhängiger Vermittler in Kirchensachen schreibt [108]. Bekannt war seine spitze Feder gegen Kardinal Joachim Meisner. In manchen Berichten vermittelt er den Eindruck von Hauen und Stechen gegen den inzwischen verstorbenen Kölner Prälaten, da *„er* (Frank) *und seinesgleichen Ex-Priester"* bei der Bistumsleitung *„nicht gut angesehen und wohlgelitten"* wären [109].

Auf seiner privaten Homepage stellt Frank das Motto voran: *„Journalismus ist Literatur in Eile"* [110]. Demnach versteht er sein Berufsethos eher im literarisch-feuilletonistischen Rahmen. Die *„sorgfältige Prüfung der Veröffentlichungen auf Wahrheitsgehalt"* (Pressekodex) gerät in einem solchen Kontext leicht in den Hintergrund. Diese Tendenz zeigt sich jedenfalls in zwei Kommentaren, die Frank in den Tagen nach den ersten KStA-Veröffentlichungen einstellte. Die beiden Artikel sollen im Folgenden ausführlich vorgestellt und analysiert werden. In ihnen ist das ganze Arsenal von Argumenten und Angriffen auf die kirchliche Lebensschutzethik enthalten, das in der vierten Skandalwelle von den Medien aufgegriffen wurde. Außerdem wurde den beiden Kommentaren eine entscheidende Anstoßwirkung dafür zugeschrieben, dass der Kölner Kardinal Meisner seine (ethische) Bewertung der ‚Pille danach' revidiert hätte.

In dem ersten längeren Kommentar vom 17. 1. 2013 zeigte sich schon im Titel: *„Verstörender Rigorismus der Kirche"* [111], dass Frank aus dem Bericht zu dem Kliniken-Vorfall weitreichende Folgerungen und Forderungen stellte. Er stichelte dabei gegen die Kirche zu den Themen ‚Pille danach' und Abtreibung, kirchliche Moral und Dienstordnung. Doch die Tatsachen-Behauptungen, auf die er seine Polemik gegen die Kirche stützte, waren fehlerhaft, ungenau oder ungeprüfte Gerüchte:

» Franks erste These lautet: Nach den *„Grundsätzen der Kirche (...) dürfen katholische Kliniken Vergewaltigungsopfern nicht über die ‚Pille danach' aufklären"*. Wie mehrfach dargelegt [112], stellte sich die Aussage vom Aufklärungsverbot der Kliniken schon bei der Pressekonferenz am Tag nach der ersten KStA-Publikation als falsch heraus. Damit war auch Franks Folgerung mehr Dichtung als Wahrheit, dass das angebliche Beratungsverbot bei Vergewaltigten auf Grundsätzen der Kirche basieren würde. Gleichwohl wurden diese spekulativen Konstrukte noch ein Jahr später zur Kernbegründung für die Verleihung des Wächterpreises gemacht [113].

» Ein nicht überprüftes Stationsgerücht liegt Franks Behauptung zugrunde, dass kirchlichen Mitarbeitern im Zusammenhang mit der Aufklärung über die ‚Pille danach‘ *„die fristlose Kündigung droht“*. Zumindest hätte ein seriöser Journalist die widersprechende Position der Hospitalvereinigung erwähnen müssen, die auf deren Pressekonferenz dargelegt wurde.

» Es ging bei der telefonischen Anfrage der Notfallambulanz um eine forensische Spurensicherungsuntersuchung, nachdem die Erstversorgung der mutmaßlich Vergewaltigten vorgenommen worden war. Franks verallgemeinernde Behauptung, *„... dass vergewaltigten Frauen in katholischen Kliniken die Hilfe verweigert wird“*[114], hatte verleumderischen Charakter.

» Joachim Frank verbreitete die These: Die ‚Pille danach‘ wirke *„nach dem Stand der Forschung nicht kontrazeptiv im engeren Sinne, da sie nur den Eisprung und damit eine mögliche Befruchtung verhindert“*. Zur Wirkung von Notfallkontrazeption reichen die Meinungen von Alice Schwarzer (die ‚Pille danach‘ als die *„schonendste Abtreibungsmethode“*) bis ‚pro familia‘, wonach sie nur eine Form der Nachverhütung sei. Aber auch in der wissenschaftlichen Forschung ist die Wirkung der entsprechenden Präparate umstritten. Dieser Komplex wird im 12. Kapitel ausführlich erörtert. Daher sei hier nur eine differenzierende Stellungnahme eines Wissenschaftlers angefügt: *„Wie der Chef der Kölner Universitäts-Frauenklinik, Professor Peter Mallmann, erläuterte, verhindere die ‚Pille danach‘ den Eisprung und sei dann ‚eine ganz normale Empfängnisverhütung‘. Im Fall von Geschlechtsverkehr nach bereits erfolgtem Eisprung aber könne das Präparat auch die Einnistung der befruchteten Eizelle in der Gebärmutter verhindern. Diese ‚abortive Wirkung‘ im frühesten embryonalen Stadium sei zwar keine Abtreibung im juristischen Sinne. Wohl aber werde menschliches Leben beendet, wenn man dessen Beginn bei der Verschmelzung von Ei- und Samenzelle* *ansetze"* [115]. Diese wissenschaftliche Einschätzung zitierte Joachim Frank selbst einige Tage nach seiner Kommentar-Aussage. Sie widerlegte seine vorherige Behauptung *„vom Stand der Wissenschaft"*.

» Frank meinte schließlich: *„Der Paragraph 218 nimmt Bürgerinnen, die als Opfer sexueller Gewalt eine Schwangerschaft abbrechen, von strafrechtlichen Sanktionen aus. Weil der Gesetzgeber es für unzumutbar hält, dass die Frau unter solchen Umständen ein Kind zur Welt bringen soll."* [116] Auch in diesem Fall machte sich der Redakteur in der Gesetzesmaterie nicht ausreichend kundig. Frank verwechselte den Schwangerschaftsabbruch nach Beratungsregelung mit der kriminologischen Indikation nach § 218a Abs. 3. Im ersten Fall liegt eine *„rechtswidrige"* Tat vor, bei der der Gesetzgeber gleichwohl auf *„strafrechtliche Sanktionen"* verzichtet. Wenn der Schwangerschaftsabbruch dagegen nach einer sexuellen Gewalttat vorgenommen wird, ist er ausdrücklich als *„nicht rechtswidriger"*, also erlaubter Eingriff qualifiziert, bei dem es keine Strafandrohung und somit auch keine Absehen von strafrechtlichen Sanktionen gibt. Der Gesetzgeber hütet sich zudem, im Zusammenhang von *„Kind zur Welt bringen"* von *„unzumutbar"* zu sprechen, wie Frank das tut. Denn die kriminologische Indikation für den Abbruch wird ausschließlich mit der *„Gefahr einer schwerwiegenden Beeinträchtigung des seelischen Gesundheitszustandes der Schwangeren"* (§ 218a Abs. 2) begründet. Das Bundesverfassungsgericht hat der Argumentation mit der Unzumutbarkeit eines Kindes – und sei es aus einer Vergewaltigung – eine klare Absage erteilt. Gegen solche Abwägungen hatte sich schon die NRW-Gesundheitsministerin Barbara Steffens ausgesprochen, als sie klarstellte, dass das eine Leben nicht gegen das andere Leben ausgespielt werden dürfe [117].

Wenn ein Redakteur auf eineinhalb Seiten so viele sachliche Fehler platziert, dann hat er die journalistischen Pflichten der Sorgfalt in Recherche und Darstellung grob verletzt. Über diese Feststellung hinaus stellt sich die Frage: Was treibt einen als seriös bekannten Journalisten dazu, in diesem Fall Tatsachen und Aussagen so massiv zu verfälschen und entgegenstehende Informationen auszublenden? Eine mögliche Antwort ergibt sich aus der folgenden Analyse der weiteren Kommentaräußerungen des KStA-Autors: Danach betreibt Joachim Frank Fundamentalkritik an der gegenwärtigen Kirche. Als Prämisse unterstellt er der Kirche generell eine *„menschenfeindliche Moral"*. Aus dieser verzerrten Voreinstellung werden dann die Einzelphänomene von kirchlicher Lehre und Praxis so gedeutet und gedreht, dass sie zu seiner negativen Systembeschreibung von Kirche passen.

Weitere widersprüchliche und unzutreffende Aussagen im Kommentar vom 17. 1. zeigen Franks voreingenommene Suche nach Systemfehlern der kirchlichen Lehre:

» Folgender Satz soll nach Frank *„verräterisch"* sein und die Doppelmoral der Kirche aufzeigen: *„Alles, was eine Schwangerschaft künstlich verhindert oder durch medizinischen Eingriff beendet, ist nach katholischem Verständnis keine Heilbehandlung (...)"* [118]. Zumindest das letztere Urteil gilt ebenfalls für Staat und Ärzteschaft: Ein Schwangerschaftsabbruch durch medizinischen Eingriff, also eine Abtreibung etwa nach der Beratungsregelung, wird nicht aus den Beiträgen der Krankenkasse bezahlt – auch weil es keine Heilbehandlung ist.

» Joachim Frank klagt an: Wenn ein Arzt *„einer vergewaltigten Frau die ‚Pille danach' schon nicht selbst verschreibt oder verabreicht, so muss er sie doch behandeln, ihr sagen, was es mit der ‚Pille danach' auf sich hat und wie sie das Präparat bekommt"* [119]. Frank rennt hier offene Türen ein, denn genau das von ihm Geforderte enthält die Ethische Stellungnahme der Hospitalstiftung. Aber dieses Papier hatte der KStA-Journalist vollständig ausgeblendet. Es passte nicht in sein Konzept der Anklage.

» Im vierten Abschnitt glaubt Frank Widersprüche in der kirchlichen Lehre nachweisen zu können: *„Die Kirche lehrt: Jedes Kind ist Frucht der Liebe Gottes und – im besten Fall – der Liebe zwischen Mann und Frau."* Dazu fragt er: Wie soll *„das mit Vergewaltigung vereinbar sein, mit Wunden an Leib und Seele (...)."*[120)] Wenn man den Satz theologisch auffasst, wird daraus ein Argument gegen Abtreibung: Nicht jedes Kind erwächst aus der Liebe zwischen Mann und Frau, aber jedes Kind – auch das in einer Vergewaltigung gezeugte – ist von Gott geliebt.

» Nach der Behauptung, dass der Gesetzgeber es als unzumutbar einschätze, ein Kind aus einer Vergewaltigung zur Welt zu bringen und mit dieser Begründung eine Abtreibung nach einer Vergewaltigung rechtlich rechtfertige, folgert Frank: *„Damit ist der Staat der bessere Seelsorger als die katholische Kirche."*[121)] Es ist aber Unsinn, gesetzgeberischen Regelungen des Staates seelsorglichen Charakter zuzusprechen. Das sieht man spätestens daran, dass den Staat bisher traumatische Symptome nach Abtreibungen wenig bis gar nicht kümmerten.

» In einem Zwischenabschnitt zollt Frank der Kirche *„Anerkennung"*, weil sie angesichts der Zahl von mehr als jährlich 100.000 Abtreibungen in Deutschland die *„ungeborenen Kinder schützen will"*[122)]. Doch schon im nächsten Abschnitt tritt er wieder gegen die Kirche auf, dass sie mit ihrem konsequenten Lebensschutz für alle ungeborenen Kinder *„Prinzipien reiten"* und darüber die Menschen vergessen würde.

Sprengt das System der Kirche in die Luft!

Auf der Basis der aufgeführten Falschbehauptungen sowie diverser widersprüchlicher Ausführungen kommt Joachim Frank zu gnadenlosen Urteilen über die Kirche und ihre Protagonisten: Erklären ließe sich *„die menschenfeindliche Moral"* der Kirche und ihre arbeitsrechtliche Durchsetzung *„nur mit Abgebrühtheit und Lebensferne"*. Der

moralisierend-zynische Ausdruck „*Abgebrühtheit*" gegenüber Vergewaltigungsopfer zielte auf Kardinal Meisner, der im letzten Abschnitt
des Kommentars ausdrücklich genannt wird. Zum Schluss holt Frank
zum moralischen Rundumschlag gegen katholische Geistliche aus, die
er eine „*zölibatäre Priesterkaste*" nennt [123]. Die Fälle sexuellen Miss-
brauchs durch Geistliche hätten „*die Abgründe des katholisch-klerika-
len Komplexes offengelegt*" [124]. Solche antiklerikalen Invektiven erreichen das Niveau des Kirchenhasser-Breviers von 2010.

In einem zweiten Kommentar vom 18. 1. bringt Frank weitere Wort-Ge-
schütze in Stellung. Die Kirche würde eine „*Perversion von Moral*" betreiben, die das „*Zusammenleben vergiftet*". Er spricht von „*Kirchenoberen, die eine seelenlose Moral predigen*" würden [125]. „*Für diese
unselige Allianz*" von konservativen Kirchenkräften gelte: Man könne
das System „*nicht reformieren. Man kann es nur sprengen.*"

Franks verbale Keulenschläge gegen Kirche und Kleriker lassen Assoziationen an Voltaires kirchenzerschmetternde Vernichtungsphantasien
aufkommen („*écrasez l'infame!*"). Der Vergleich mit dem Aufklärungs-
schriftsteller drängt sich auch in einer weiteren Hinsicht auf. Voltaire
entwickelte seine Kirchenkritik nach folgendem Skandalisierungsver-
fahren: Er ging auf einzelnes Fehlverhalten von Priestern und Ordens-
leuten ein, bauschte sie auf zu großen Verbrechen. Dann verallgemei-
nerte er sein Urteil auf alle Kleriker, um schließlich dem System Kirche
Vernichtung anzudrohen. Joachim Frank ging in diesem Fall ähnlich
vor. Laut der Dokumentationsseite für den Wächterpreis [126] motivierte den Journalisten die Überzeugung, dass hinter Einzelfehlern von
kirchlichen Mitarbeitern ein perverser kirchlicher „*Moralismus*" stecken würde [127]. Entsprechend dieser Prämisse suchte er das Verhalten
der Klinikenärztin als Ausdruck eines Systemfehlers der Kirche und
ihrer Morallehre anzulasten. Auch als seine Argumentationslinie sich
als Fehlerkette erwies, blieb er bei seinem vorgefassten Ableitungs-
konstrukt: Die Klinikärztin hätte ihre (vermeintliche) Abweisung nach
der (nicht-existenten) Anweisung der Klinikrichtlinie zur Untersagung

der ‚Pille danach'-Beratung getätigt. Das (angebliche) Beratungsverbot ginge auf eine Weisung von Kardinal Meisner zurück. Als Schlussfolgerung seiner ungeprüften Ableitungsstationen setzte er die gesamte Kirche auf die Anklagebank und sprach sie schuldig – mit dem Subtext: Sprengt das unreformierbare System der Kirche in die Luft!

Als Resümee zu diesem Kapitel ist festzuhalten: Die Medien-Attacken der vierten Skandalwelle gegen Lehre und Praxis der Kirche in Sachen Lebensschutz waren ebenfalls eine ressentimentgeladene und anti-kirchlich motivierte Kampagne.

9. Gnadenloses TV-Tribunal in der Sendung ‚Günther Jauch'

Mehr als zwei Wochen nach den ersten Presseberichten griff Günther Jauch in seiner gleichnamigen Sonntagabendsendung vom 3. Februar 2013 die Kölner Skandalberichte auf[128]. In seinem Einleitungsstatement bezog sich der Moderator aber nicht auf das reale Geschehen. Er wies ausschließlich auf die entsprechenden *„Schlagzeilen"* der Medien hin. Damit zeigte er die Richtung der folgenden Sendung an: eine journalistische Zweitverwertung des medienkonstruierten ‚Kölner Kliniken-Skandals'. Inhaltlich sollte die Jauch-Talkshow die damalige mediale Skandalisierung auf die Spitze treiben als gnadenloses TV-Tribunal gegen Kliniken, Kirche und Kardinal.

Der erste Teil des Sendungstitels *„In Gottes Namen..."* war von einem SPIEGEL-Artikel übernommen[129]. Der zweite Teil der Titelzeile *„...wie gnadenlos ist der Konzern Kirche?"* zeigte die Tendenz an, wie Jauch das Thema behandeln wollte: Es sollte nicht das Pro und Kontra erörtert werden, also ob oder inwieweit die Kirche gnadenlos vorgehen würde. Sondern im Titel war die implizite Behauptung aufgestellt, *dass* die Kirche gnadenlos wäre. Das Vor-Urteil über kirchliche Gnadenlosigkeit war demnach schon vor der Sendung festgelegt und ausgesprochen. Die Talk-Show sollte sich entsprechend der Titelvorgabe nur noch um das ‚Wie?' drehen, also um den Grad der angeblichen Gnadenlosigkeit. Damit hatte Jauch seine Sendung von vornherein zu einem Medien-Tribunal gegen die Kirche angelegt. Tatsächlich zeigte sich diese Sendung zugleich als Höhepunkt und Abschluss der gesamten medialen Skandalisierungskampagne.

Die tendenziöse Voreinstellung der Jauch-Redaktion kommt auch in der redaktionellen Selbstrechtfertigung zum Ausdruck. Der Autor hatte sich eingehend mit der betreffenden Sendung beschäftigt und eine ausführliche Programmbeschwerde an die verantwortliche Sendeanstalt NDR gesandt[130]. In einem Antwortschreiben rechtfertigte sich der

Chefredakteur der Jauch-Sendung, Andreas Cichowicz, nach eigener Auskunft zugleich *„Chefredakteur NDR-Fernsehen"*, zu den Beschwerdevorwürfen. Demnach hätte die *„zentrale Fragestellung der Sendung"* gelautet: *„1) Ob das Verhalten zweier Kölner Ärzte einer organisatorischen Handlungsrichtlinie folgte"* – und wenn das zuträfe, *„2) Inwieweit damit die katholische Morallehre über die Gesetzeslage, konkret den Versorgungsauftrag"* des Krankenhauses gestellt würde [131].

Ein inszenierter Scheinprozess zu zwei erledigten Fragen

Der erste Teil der Fragestellung war schon am Tage der Erstpublikation des KStA zu dem Vorfall definitiv beantwortet, also am 17. Januar 2013. Nach Pressemitteilung und Pressekonferenz der Hospitalvereinigung stand eindeutig fest, dass die klinikinterne Handlungsrichtlinie nicht Abweisungen von Vergewaltigungsopfer vorsah, wie das den beiden Ärztinnen von den Medien unterstellt wurde. Dass es keine entsprechende *„organisatorische Handlungsrichtlinie"* gab, bestätigte eine Woche später die nordrhein-westfälische Gesundheitsministerin Barbara Steffens in ihrer Landtagsrede: Dem Krankenhausträger sei *„kein Organisationsverschulden nachzuweisen"* [132]. Außerdem existierte auch von Seiten der Bistumsleitung oder gar Kardinal Meisner keine organisatorische Weisung im Umgang mit Vergewaltigungsopfern, wie der Abteilungsleiter Krankenhaus beim Kölner Diözesan-Caritasverband mitteilte [133]. Nachdem sich die erste Fragestellung der Jauch-Sendung als erledigt herausgestellt hatte, war die zweite darauf aufbauende Frage (*„wenn das zuträfe..."*) ebenfalls obsolet geworden: Die katholische Morallehre stand und steht nicht der Gesetzeslage oder dem Versorgungsauftrag der Krankenhäuser entgegen. In der Erklärung des Sozialministeriums NRW vom 22. Januar, also zwölf Tage vor der Jauch-Sendung, hatte die staatliche Stelle abschließend festgestellt, dass die rechtskonformen Grundsätze der Kliniken dem gesetzlichen Versorgungsauftrag vollständig entsprechen würden. Die Jauch-Redaktion verfolgte also zwei erledigte Fragen. Die Sendung selbst wurde so zu einem Vorspieltheater. Man täuschte dem Publikum die Suche nach einer kirchlichen Phantomrichtlinie vor. Die Gesprächsrunde sollte über ein Problem streiten, dass es nur in der Phantasie von Günther Jauch und seiner Redaktion gab. Die Talkshow mutierte zu einem inszenierten und manipulierten Scheinprozess mit dem Ziel, den Ruf der Kirche zu schädigen.

In dem Einspielfilm der Sendung wurde das zugrundeliegende Telefongespräch zwischen Notfallambulanz und Klinikärztin einseitig dargestellt. In dem gezeigten WDR-Film kam nur die Ansicht der Notfallambulanzärztin Irmgard Maiworm zur Sprache. Bei dem anschließenden Studiogespräch konnte Maiworm noch einmal ausführlich ihre kirchenbelastenden Mutmaßungen und Wertungen ausbreiten. Die andere Seite und Sicht der Dinge kamen nicht zur Sprache. Dazu hätte man etwa den zweiminütigen WDR-Filmbericht ‚Lokalzeit für Köln' vom 22. 1. einsetzen können [134]. Der Film zeigte die andere Version der Ereignisse. Auch das anschließende Gästegespräch setzte die einseitige Tendenz der Talkshow fort. Die Gästeauswahl und Jauchs Gesprächsführung waren so angelegt, dass der Studiogast von kirchlichen Seite nichts zu der Aufklärung des Kölner Vorfalls beitragen konnte: Caritas-Direktor Neher aus dem fernen Freiburg war nicht mit den Details der Kölner Verhältnisse vertraut. Zu den vorgespielten Vorwürfen gegen die Kölner Kliniken konnte er sich nur mit Allgemeinaussagen äußern. Da stellt sich die Frage: Warum hatte die Jauch-Redaktion nicht den Direktor der betroffenen Krankenhäuser eingeladen, um die es doch ging? Prof. Dr. Dietmar Pennig war mit seinem WDR-Interview der NDR-Redaktion mit Sicherheit bekannt. Oder warum hatte der Kölner Caritas-Direktor keine Gästeeinladung erhalten? Der hätte mit seinen Kenntnissen über ethische Klinikrichtlinien, ASS-Untersuchungen und der Notfallpraxis in Krankenhäusern den konkreten Konfliktfall präzise aufklären können. Diese oder auch andere Gäste aus dem Kölner Kirchenbereich wären sachlich und personell ein Widerpart zu den tendenziösen Medienberichten und den Spekulationen der Notfallambulanzärztin gewesen. Die Erörterung von konträren Sichtweisen auf ein reales Ereignis hätte dem gesetzlichen Auftrag des öffentlich-rechtlichen Senders entsprochen, dem eine ausgewogene, objektive und unparteiliche Informierung der Öffentlichkeit aufgetragen ist [135].

Doch Günther Jauch hatte anscheinend an einer Aufklärung des Geschehens aus anderer Perspektive und in kontroverser Diskussion kein Interesse. Mit den Fakten wäre nämlich seine Phantomfragestellung frühzeitig aufgeflogen und damit Titel und Ausrichtung der Sendung ad absurdum geführt worden.

Stattdessen ließ Jauch Irmgard Maiworm in Film und Studiogespräch die gleiche dramatisierte Geschichte erzählen, die dem Publikum im Artikel des Kölner Stadt-Anzeigers vom 16. 1. vorgelegt worden war. So sprach sie *„erschüttert und fassungslos"* von dem damaligen Telefongespräch mit der Klinik-Gynäkologin, deren Verhalten sie mit solchen Empörungsworten wie *„menschenunwürdig und diskriminierend"* abkanzelte. Die Notfallambulanzärztin bemühte ein *„Gefühl wie im Mittelalter"*.

Maiworms Betroffenheitsformeln und Beschimpfungsreden trugen zur Aufklärung nichts bei. Sie waren höchst unangemessene Wertungen, insofern es sich bei dem zugrundeliegenden Vorgang um eine alltägliche Überweisungserörterung zwischen zwei Ärztinnen handelte. Schließlich verstieg sich die Ärztin zu konstruierten Spekulationen über die Gefühlslage der Ärztin am anderen Ende der Leitung: *„Die Kollegin war sehr unsicher. Ich hatte das Gefühl, sie hätte gerne die Untersuchung durchgeführt. Sie sah sich aber in der Bredouille, da von Arbeitsgeberseite die Untersuchungen verboten waren. Sie hatte wohl auch Angst um ihren Arbeitsplatz."*

Diese gefühlten Urteile und Vorurteile konnte Maiworm verbreiten, ohne dass der Moderator Nachfragen zur Sache stellte, die verstiegenen Wertungen relativierte, kritisch hinterfragte oder gar auf Gegenpositionen insistierte, wie das Jauch später bei seinem Gast Martin Lohmann tat. Insbesondere hätte er die inzwischen erwiesen falschen Behauptungen vom Untersuchungs- und Gesprächsverbot durch den Krankenhausträger sowie Angst um Arbeitsplatzkündigungen zurückweisen müssen. Doch Günther Jauch ließ mit Filmbericht und Studiogespräch die Suggestionswirkung der Notfallärztin vor Millionen TV-Zuschauern zu. Damit wurde das Publikum von vornherein distanzlos und unreflektiert für eine Empörungshaltung gegen die vermeintlich gnadenlose Kirche vereinnahmt – beziehungsweise in diese Meinungsrichtung manipuliert.

Chefredakteur Andreas Cichowicz behauptete zum Einspieler und Studiogespräch mit der Notfallärztin: *„Die Schilderungen der Notfallmedizinerin, Dr. Irmgard Maiworm, über das Verhalten zweier Ärzte von Kölner Kliniken der Stiftung der Cellitinnen der heiligen Maria sind bis heute unbestritten."*

Abgesehen von der sachlichen Unrichtigkeit *„zweier Ärzte"* konnte man die Behauptung von der unbestrittenen der Äußerungen der beiden Ärztinnen nur aufstellen, wenn man die vorliegenden Pressemeldungen mit einem selektiven Vorurteil gewichtet hatte. Bei einer sorgfältigen Recherche mussten der Jauch-Redaktion die drei entscheidenden Dokumente zur Klärung der ‚Zentralfrage der Sendung' schon frühzeitig auf den Bildschirm gekommen sein. Das waren die Pressemitteilung der Hospitalvereinigung der Cellitinnen vom 16. 1. 2013 mit Erläuterungen zur Ethischen Stellungnahme der Hospitalstiftung, zweitens das WDR-Interview mit dem Klinikdirektor Prof. Dr. Dietmar Pennig vom 22. 1. als Ergebnis der eigenen Recherche von dem Vorfall und drittens die von Medien zitierte Meldung des NRW-Gesundheitsministeriums vom 23. 1., die von den Nachrichtenagenturen dpa, kna und epd verbreitet worden war.

Die Jauch-Redaktion war üppig mit Geld und Personal ausgestattet, wie sich aus Medienberichten entnehmen ließ. Da wäre es doch sehr überraschend, dass bei einem professionellen Recherchestudio den Redakteuren die drei entscheidenden Dokumente in den Medien nicht aufgefallen sein sollten. Naheliegender ist die Annahme, dass die Redaktion diese kirchenentlastenden Meldungen ausblendete, weil sie nicht in das vorgefasste Konzept der Anklage gegen die Kirche passten. So oder so hätte die Redaktion gegen die ARD-Leitlinien von Professionalität und Sorgfalt bei Recherche und Darstellung verstoßen.

Manipulative Gesprächsführung

Das von der Redaktion vorbereitete Studiogespräch von Günther Jauch mit Irmgard Maiworm bestätigte die These von der antikirchlichen Voreinstellung: Die Gesprächsführung des Moderators verfestigte die vorurteilsbehafteten Erzählungen der Interviewten, indem er ihr eine erwiesen falsche Verallgemeinerung in den Mund legte: *„Weil zwei Kliniken identisch reagierten, spricht das nach Ihrer Meinung für eine klare Weisung von oben, hier generell so zu handeln?"* Jauchs Redaktionsleiter hatte als zentral für die Sendung die Fragestellung genannt, *„ob das Verhalten zweier Kölner Ärzte einer organisatorischen Handlungsrichtlinie folgte"*. An dieser Stelle zeigte sich nun, dass die Redaktion die angeblich zentrale Frage schon mit einem Vor-Urteil beantwortet hatte. Man wollte es in der Sendung nur noch bestätigen. Da aber das Gegenteil erwiesen war, konnten Jauch und seine Redaktion natürlich keine Fakten-Belege dafür beibringen. Deshalb musste sich der Moderator darauf verlegen, die *Meinung* der Ärztin zu vereinnahmen als dürftige Zustimmung für sein vorgefasstes Urteil. Jauch tat das durch eine Suggestivfrage. Dabei gab er selbst die Antwort vor, nämlich von der *„Weisung von oben, generell so zu handeln"*, was er vorgeblich im Rahmen seiner Sendung herausfinden wollte. Besonders entlarvend dabei war die suggerierte Folgerung von der *„klaren"* Handlungsanweisung *„von oben"*. Jauch instrumentalisierte damit die Notfallärztin für sein Gesprächsziel, eine nicht-existente Weisung der Kirche zur angeblichen Abweisung von Vergewaltigten nachzuweisen. Aber nicht einmal mit seiner suggestiven Antwortvorgabe kam Jauch zum Ziel. Die angesprochene Ärztin wich aus. Sie bestätigte nicht die Folgerung von der angeblich *„klaren Weisungen von oben"*. Stattdessen murmelte sie nur die vage Vermutung, dass hinter den Einzelfällen *„mehr stecken"* könnte. Damit war die unseriöse Gesprächsstrategie des Moderators, mit einer Verallgemeinerungsfrage an die Ärztin die Gnadenlosigkeit der Institution Kirche darzustellen, gescheitert. Doch kaum ein Zuschauer wird's gemerkt haben. Denn die vorhergehende Falldarstellung mit emotionalisierten Betroffenheits- und Empörungsworten hatte bei den Zuschauern gewiss schon ihre Wirkung getan: Stimmung zu machen gegen die Kirche.

Für diese manipulative Gesprächsführung tragen Günther Jauch und der Sender die Verantwortung. Sicherlich hatte das Redaktionsbüro im Hintergrund die Regiefäden gezogen und dem Frontmann die Moderatorenkarten in die Hand gedrückt. Aus dieser Perspektive hätte Günther Jauch dann den Kasper an den Fäden der Redaktion gespielt. Andererseits ist kaum anzunehmen, dass der erfahrene Journalist bei der Vorbesprechung seiner Talkshow die einseitig-parteiische Schlagseite im Sendungsaufbau sowie die manipulative Gesprächsführung nicht mitbekommen und abgesegnet hätte. Letztlich steht der Namensgeber und Sendungsleiter *„Günther Jauch"* auch für die selektive Recherche seiner Redaktion in der Verantwortung.

‚Stimmigkeit' einer Geschichte als Einfallstor für journalistische Fälschungen

Günther Jauch war Anfang der 90er Jahre als Chefredakteur von stern tv einem unseriösen Filmemacher auf den Leim gegangen. Der Star-Journalist hatte 21 gefälschte Filmbeiträge ungeprüft in seine Sendung übernommen. Es ging dabei meistens um Skandalthemen aus der Dritten Welt. So wurde zum Beispiel mit gestellten Bildern angebliche Kinderarbeit beim Weben gezeigt, um den Möbelkonzern Ikea als Abnehmer von Kinderarbeitsprodukten anzuprangern. Nachdem die Sache aufgeflogen war, machte Jauch damals als Grundsatz seines journalistischen Vorgehens das bemerkenswerte Eingeständnis: *„Man achtet in erster Linie darauf, ob eine Geschichte stimmig ist. Das bedeute aber nicht, dass man prüfe, ob sie stimmt, sondern nur, ob der Zuschauer der Geschichte folgen kann."*[136)] Außerdem sei er bei der Vorbereitung der Moderation „*unter einem solchen Druck*", dass er sich um das journalistische Alltagsgeschäft nicht kümmern könne. Gleichzeitig rechtfertigte er Bildmanipulationen bei der TV-Arbeit – etwa die gestellte Aufnahme eines angeblich stark beschäftigten Staatssekretärs. Was den Zuschauern damit als Realität vorgetäuscht wurde, war in Wirklichkeit nur ein Symbolfoto für symbolisches Arbeiten.

Es widerspricht allen Grundsätzen journalistischer Berufsethik, wenn Stimmigkeit als Hauptkriterium einer Veröffentlichung angesehen wird. Dabei gilt das Stimmigsein nicht einmal für die innere Stringenz der Geschichte, sondern nur mit Rücksicht auf die angenommenen Zuschauereinstellungen.

Im vorliegenden Fall war demnach Jauchs Gütekriterium für eine TV-Publikation, dass das Publikum von stern-tv die Enthüllungsgeschichte zum Verkauf von Kinderarbeitsprodukten durch Konzerne stimmig oder plausibel finden würde. Bei der kapitalismuskritischen Stimmung der 90er Jahre stellte sich diese Art von Stimmigkeitsjournalismus als Lautsprecher von Zeitgeistströmungen dar.

Jauchs Bekenntnis kommt einer Bankrotterklärung für Qualitäts-Journalismus gleich: „*Man*" als Journalist sucht nicht in sorgfältiger Recherche Wahrheit und Wirklichkeit herauszukristallisieren. Man prüft auch nicht, ob (Medien-) Behauptungen mit Fakten und Realität übereinstimmen. Demnach wären die „*Achtung vor der Wahrheit als oberstes Gebot der Presse*" und die „*Sorgfalt bei Recherche und Prüfung auf Wahrheitsgehalt*" – so der Pressekodex in Ziffer 1 und 2 [137]) – nur eine Sonntagsrede, die für den journalistischen Alltag keine Relevanz hätte.

Wenn ein Chef so wenig Wert auf journalistische Prinzipien legt, dann darf man sich nicht über schludrige Recherche oder auch gezielte Manipulation seiner Redaktion im Dienst einer Skandalisierungsstrategie wundern. Eine solche Haltung eines Publikationsverantwortlichen wirkt aber auch einladend für seine journalistischen Zubringer. Geschichtenanbieter werden ermuntert, ihre Darlegungen auf Stimmigkeit zu trimmen. Der SPIEGEL-Reporter Claas Relotius konnte mit seinen erfundenen Geschichten deshalb so gut ankommen, weil er die Logik der journalistischen Stimmigkeit perfekt beherrschte.

Es gibt einige Indizien dafür, dass auch die Kölner Ärztin Maiworm ihre Geschichte stimmig gemacht hatte im Hinblick auf Ressentiments gegen eine *„Kirche wie im Mittelalter"*, wie im dritten Kapitel erläutert. Die vom Kölner Stadt-Anzeiger in diesem Sinne weiter pointierte journalistische Fassung traf dann eine latent antikirchliche Stimmung in Teilen des Publikums, was sich in zahlreichen Leserzuschriften und Politikeräußerungen zeigte. Die Redakteure der Jauch-Sendung waren dann die Zweitverwerter des Medienspektakels *„Kölner Kliniken-Skandal"*. Aufgrund der Stimmigkeitsvorgabe ihres Chefs konnten sich die NDR-Journalisten dazu ermuntert sehen, die Geschichte weiter zuzuspitzen, dass sie sich passgenau in zeitgeistige Plausibilitätserwartungen einfügten. Das begann in der Jauch-Sendung mit der Titelzeile *„... wie gnadenlos ist der Konzern Kirche?"* und endete mit einer Tribunalisierung von katholischer Sexualmoral [138].

Nach diesen Ausführungen wird jedenfalls erklärlich, warum Journalisten und Presseunternehmen vielfach Geschichten übernehmen, die den Vorstellungen und Wertungen des Publikums zu entsprechen scheinen. Im Fall der Kölner Kliniken war es die Annahme, dass die angebliche Abweisung einer Vergewaltigten sich stimmig aus der *„rückständigen"* Moral der Kirche unter der Leitung des als *„besonders konservativ geltenden"* Kardinals Meisner ergäbe.

Talkshow als Tribunal

Auch das unfaire Auftreten Jauchs gegenüber dem zweiten katholischen Studiogast spricht dafür, dass der Moderator das vorurteilsbestimmte Konzept seiner Redaktion teilte. Nach Einspielfilm und Gespräch mit Frau Maiworm wandte sich Jauch den Gästen der Gesprächsrunde zu. Mit Prälat Peter Neher und Martin Lohmann waren zwei kirchennahe Personen eingeladen, denen drei kirchendistanzierte Gesprächsteilnehmer gegenübersaßen. Die nichtssagenden Kommentare des Prälaten Neher sind schon erwähnt worden. Dem zweiten Gesprächspartner aus dem kirchlichen Bereich, Martin Lohmann, damals Chefredakteur des katholischen Senders ‚k-tv', hatte man die Rolle eines *„Fundamentalkatholiken"* zugewiesen.

Lohman ging in mehreren begründeten Beiträgen auf das weitere Thema im Zusammenhang mit dem Kliniken-Vorfall ein – die ‚Pille danach'. Er nahm auch zu der damals aktuellen Erklärung von Kardinal Meisner Stellung, nach der die Vergabe der ‚Pille danach' bei Vergewaltigungen dann erlaubt sei, wenn sie nicht abtreibend wirke.

Lohmann stellte fest: Diese Position sei moraltheologisch korrekt, stifte aber möglicherweise praktisch Verwirrung, da es die rein verhütend wirkende Pille nicht gebe. Bei dieser Einschätzung konnte sich Lohmann auf die Stellungnahme von renommierten Wissenschaftlern stützen – z. B. Prof. Peter Mallmann von der Kölner Universitätsfrauenklinik [139]. Lohmann verteidigte die katholische Lehrposition über das vorrangige Grundrecht auf Leben jedes Menschen, also auch der Ungeborenen von Anfang an – selbst bei Vergewaltigungen.

Da Lohmann auf seinem Argumentationsniveau keinen echten Widerpart in der Gesprächsrunde hatte, glaubte wohl der Moderator, die parteiische Gegenposition übernehmen zu müssen. Jauch brachte ein – wie viele empfanden – übergriffiges Extrembeispiel als Totschlagargument gegen Lohmann in Stellung: Ob er als Vater seiner 13jährigen Tochter im Falle einer Vergewaltigung die ‚Pille danach' verweigern würde?

Dieser Beitrag des Moderators war ein journalistischer Fauxpas: Bei einer Streitfrage im Gesprächsforum (‚Ist es erlaubt, nach einer Vergewaltigung ein Medikament mit möglicher Abtreibungswirkung zu verschreiben?') sollte ein Moderator nicht Partei ergreifen für eine Seite, was Jauch jedoch ausdrücklich tat. Bei seiner Gegenrede zu Lohmann setzte Jauch nicht Sachargumente ein, sondern versuchte mit einem Hinweis auf die Privatsphäre seines Talkshowgastes diesen in die Enge zu treiben.

Aus der medienkritischen Analyse der Sendung Günther Jauch ergibt sich, dass der verantwortliche Moderator mehrfach gegen die *„maßgeblichen Qualitätskriterien des Genre Information"* der ARD-Leitlinien 2013/14 verstieß [140)]. Außerdem war von den sendergeforderten Aufgaben wie *„investigative Recherche"* oder *„journalistische Eigenleistung"* in der Sendung ebenso wenig zu spüren wie die *„Darlegung von Hintergründen"*. Im Ergebnis können der Recherche zu dem Vorgang weder *„Professionalität"* bescheinigt werden noch in der Darstellung des Vorfalls *„sachliche Richtigkeit"*. Zum zweiten Sendungsteil, der Gesprächsrunde, ist festzustellen, dass der Moderator Jauch in eklatanter Weise gegen *„journalistische Fairness"* verstieß, als er seinen Talkshowgast Martin Lohmann vor einem Millionenpublikum mit einer Privatsphärenfrage düpierte. Im Vorgespräch zu der Live-Sendung, so konnte Lohmann berichten, hatte Jauch seinem Gast ausdrücklich gesagt, seine Aufgabe sei es, die katholische Position zu diesem schwierigen Thema zu vertreten. Persönlich werden wolle er nicht.

Nach dieser Untersuchung ist als Gesamturteil zu der Talkshow-Sendung festzustellen:

Die Form der Gesprächsrunde täuschte eine harte, aber faire Themenerörterung vor, bei der Jauch als unparteiischer Moderator zwischen den verteilten Pro- und Kontra-Teilnehmern eine ergebnisoffene Debatte simulieren würde. In diesem Fall wurde mit den beiden emotionalisierenden Eingangsbeiträgen (Film und Gespräch mit der Notfallambulanzärztin) die vorverurteilende Stimmungsfront für die folgende Gäste-Diskussion so aufgebaut, dass die Kirche bzw. Kirchenvertreter sich wie bei einem öffentlichen Tribunal auf der Anklageseite wiederfanden. Darüber hinaus schlug sich der Moderator parteiisch auf die Seite der überzähligen Kritiker der Kirche.

10. Gegenläufige Kommunikationsstränge in den Kliniken

In diesem Kapitel werden Fragen nach der internen und externen Kliniken-Kommunikation im Jahr 2012 erörtert. Damit soll der Hintergrund von den Aussagen der beiden Klinikärztinnen ausgeleuchtet werden.

Handelnde Personen in dem Kapitel:

» Dominik Schwaderlapp, Generalvikar im Erzbistum Köln, verantwortlich für das katholische Krankenhauswesen

» der leitende Oberarzt auf der gynäkologischen Station des Heilig Geist-Krankenhauses

» Irmgard Kopetzky, Verein Notruf und Beratung für vergewaltigte Frauen (ASS-Netzwerk)

An 13. Februar 2012 verschickte der Kölner Generalvikar Dominik Schwaderlapp als Vorsitzender der Diözesanarbeitsgemeinschaft einen Brief an alle 45 katholische Krankenhäuser im Erzbistum. Anlass und Hintergrund war ein Beschwerdeschreiben an Kardinal Meisner. Darin machte ein katholischer Eiferer der Leitung des Erzbistums den Vorwurf, dass in vier KV-Notfallambulanzen auf dem Gelände von katholischen Kliniken die ‚Pille danach' verschrieben worden sei. Der Generalvikar wurde mit der Antwort an den Beschwerdeführer beauftragt.

Er wies darauf hin, dass die Mitarbeiter der nicht-kirchlichen Notfallambulanzen, getragen von der Kassenärztlichen Vereinigung, nicht an die kirchlichen Normen gebunden seien. Für katholische Kliniken gelte jedoch weiterhin die *„Null-Toleranzgrenze"* bei Schwangerschaftsabbrüchen und den damit verbundenen Tötungsdelikten [141]. Diese Regel als kirchliche Position zum Lebensschutz erläuterte der Generalvikar auch in seinem oben erwähnten Schreiben an die katholischen Krankenhäuser des Erzbistums: Die ‚Pille danach' dürfe in katholischen Einrichtungen grundsätzlich nicht verschrieben werden, da sie auch abtreibend wirken könne. Diese *„Position des absoluten Lebensschutzes"*, eine Formulierung von Kardinal Meisner, gelte auch für vergewaltigte Patientinnen.

Mit seinem Schreiben hatte Generalvikar Schwaderlapp die damals geltende kirchliche Regelung bestätigt. Eine entsprechende Praxis hatte sich bei der Behandlung von Vergewaltigungsopfern in den katholischen Krankenhäusern eingebürgert: Zuwendung an die Patientinnen mit allen notwendigen medizinischen Behandlungen, aber keine abtreibende Maßnahmen; Weiterleitung von Patienten mit ‚Pille-danach'-Wunsch in andere Kliniken. So wurde es auch in den Cellitinnen-Krankenhäusern mit Gynäkologie-Abteilungen gehandhabt [142].

Entgegen dieser bewährten Praxis führte das Heilig Geist-Krankenhaus in Köln-Longerich im Frühjahr 2012 eine Neuerung ein. Die Klinik gehört zur Hospitalvereinigung der Cellitinnen zur hl. Maria. Die gynäkologische Abteilung war seit dem Sommer 2011 ebenso dem Netzwerk der Anonymen Spuren-Sicherung (ASS) angeschlossen wie die Gynäkologie des St. Vinzenz-Hospitals. Ab Januar 2012 nahm ein Oberarzt die vakante Chefarztstelle auf der gynäkologischen Station vom Heilig Geist-Krankenhaus ein. Dieser leitende Arzt richtete am 30. März 2012 aus eigenem Antrieb ein Schreiben an die ASS-Organisation Notruf und Beratung für vergewaltigte Frauen: *„Unser Träger hat die Verordnung einer Postexpositionsprophylaxe (‚Pille danach') untersagt."* [143] Mit diesem Einleitungssatz bezog sich der Schreiber wohl auf den oben erwähnten Brief von Generalvikar Schwaderlapp einen Monat zuvor. Er zog allerdings eigenartige Folgerungen aus dem Schreiben, nämlich die Absage an ASS-Untersuchungen. Der Oberarzt begründete dies folgendermaßen:

„Eine alleinige körperliche Untersuchung und Spurensicherung ist aus ärztlicher Sicht sowohl medizinisch als auch ethisch nicht vertretbar." Dann informierte der Arzt die Notruf-Organisation über seine Entscheidung, *„dass unsere Abteilung ab sofort keine Untersuchungen an*

Patientinnen nach einer Sexualstraftat mehr durchführt. Daher soll-
ten Patientinnen zukünftig in einer Einrichtung betreut werden, die
eine umfassende Versorgung in einer Hand gewährleistet."

Die Stellungnahme des Oberarztes ist in mehrfacher Hinsicht verwunderlich:

» Der Briefschreiber vermittelte den Eindruck, dass er die Untersagung der Vergabe von der ,Pille danach' als eine neue kirchliche Anweisung ansah. Dabei war selbst durch die säkularen Medien seit Jahren die strikte Haltung Kardinal Meisners zum Lebensschutz und gegen die ,Pille danach' verbreitet worden.

» Die Begründung des Oberarztes, dass eine forensische Untersuchung von Vergewaltigten ohne Verschreibung der ,Pille danach' *„medizinisch und ethisch nicht vertretbar"* sei, setzte die bisherige Praxis der Cellitinnen-Krankenhäuser ins Unrecht.

» Seine Absage an die Behandlung von vergewaltigten Patientinnen entsprach nicht dem üblichen ethischen Leitbild der katholischen Krankenhäuser, Vergewaltigungsopfern alle medizinisch notwendigen Behandlungen anzubieten.

» Schließlich war das Vorgehen des leitenden Arztes ein Alleingang. Über seine Entscheidung hatte er weder den ärztlichen Klinikdirektor informiert, noch war der *„sofortige"* Ausstieg aus dem ASS-Programm mit der Klinikleitung und dem Ethikkomitee abgesprochen. Daraus ergaben sich weitere Kommunikationsprobleme in Laufe des Jahres 2012.

Aus der einsamen Entscheidung des Oberarztes entwickelten sich Reaktionsfolgen und Missverständnisse. An deren Ende stand die telefonische Auskunft der beiden Klinikärztinnen vom 15. Dezember 2012, die dann in der verstümmelten Version der KV-Notfallambulanzärztin Maiworm zur Grundlage der Skandal-Berichterstattung vom Kölner Stadt-Anzeiger wurde.

Der externe Kommunikationsstrang

Die Vorsitzende des angeschriebenen Vereins Notruf und Beratung für vergewaltigte Frauen, Irmgard Kopetzky, wollte sich mit der unerwarteten Kündigung zur Aufnahme von vergewaltigten Patientinnen nicht zufriedengeben und fragte nach. Sie berichtete später von *„vielen Telefonaten mit unterschiedlichen Hierarchie-Ebenen der beiden Krankenhäuser"* der Cellitinnen, also Heilig-Geist-Krankenhaus und St. Vinzenz-Hospital [144]. Ihre Absicht war dabei, die genannten Häuser im Netzwerk der Anonymen Spuren-Sicherung zu halten. Bei diesen Telefongesprächen nahm sie erstmals wahr, dass katholische Häuser keine Notfallkontrazeption ausstellten. Sie verlangte nun, bei ASS-Untersuchungen auf Verlangen auch die ‚Pille danach' zu verabreichen. Die bisherige Praxis der katholischen Kliniken, Patientinnen mit dem Wunsch nach Notfallkontrazeption an andere Krankenhäuser zu überweisen, genügte ihr nicht.

Auf telefonische Nachfrage vom Autor erklärte Frau Kopetzky, dass sie mit den Klinikleitungen der beiden Häuser, deren Gynäkologie-Abteilungen sowie mit der Ethikbeauftragten der Hospitalstiftung gesprochen habe. Von diesen Stellen habe sie aber *„unterschiedliche Auskünfte und widersprüchliche Signale"* erhalten [145]. Nach einem Bericht von Radio Köln am 17. 1. 2013 hatten *„sowohl die Klinikleitung als auch das klinische Ethik-Komitee bekräftigt"*, dass *„die Teilnahme und das Angebot (am ASS-Netzwerk) ausdrücklich gewollt"* gewesen sei [146]. Gleichzeitig waren die beiden Stellen jedoch nicht bereit, ihre Absage an die ‚Pille danach' wegen der Abtreibungswirkung aufzugeben. Die beiden Gynäkologie-Abteilungen dagegen neigten zu der Position des Oberarztes vom Heilig Geist-Krankenhaus. Sie wollten keine ASS-Untersuchungen mehr durchführen, damit die gesamte Versorgung der Patientinnen *„in einer Hand"* läge, also in einem anderen Krankenhaus.

Bei diesen *„widersprüchlichen Signalen"* entschloss sich die Notruf-Organisation, die ASS-Kooperation mit den beiden Cellitinnen-Kliniken aufzugeben. Irmgard Kopetzky bedauerte zwar das Ausstieg-Ansinnen der beiden Gynäkologieabteilungen. Aber letztlich meinte sie, dass *„für uns die Argumentation der Ärzteschaft nachvollziehbar und einleuchtend"* gewesen sei [147]. In dieser *„unbefriedigenden Situation"* stellte die Leiterin der Notruf-Organisation fest, *„dass die Kooperation im Rahmen der ASS damit leider beendet"* sei. *„Im September 2012 gab der Arbeitskreis ASS eine Pressemitteilung heraus, in der diese Veränderung bekannt gegeben wurde. Beiden Kliniken wurde diese Mitteilung zur Kenntnis zugeschickt, verbunden mit einem Dank für die bisherige Zusammenarbeit. Die Kisten mit den Untersuchungs-Sets wurden aus den Kliniken abgeholt."* [148] In dem danach überarbeiteten und im Herbst 2012 publizierten ASS-Flyer waren die beiden Cellitinnen-Krankenhäuser nicht mehr gelistet. Diese Benachrichtigung war anscheinend in der KV-Notfallambulanz nicht angekommen.

Die klinikeninterne Kommunikationsdynamik

Mit der Mitteilung der Notruf-Organisation war der externe Kommunikationsstrang von Seiten der Kliniken abgeschlossen, der sich aus dem Brief des Oberarztes vom 30. 3. 2012 ergeben hatte. Nunmehr ist zu fragen, welche internen Kommunikationsprozesse das besagte Schreiben in den Abteilungen auslöste. Bemerkenswert ist in diesem Zusammenhang die Aussage der Notruf-Sprecherin von der nachvollziehbaren *„Argumentation der Ärzteschaft"*. Demnach war das ärztliche Personal in den beiden Gynäkologie-Abteilungen der Meinung, dass vergewaltigte Patientinnen nur noch in Kliniken behandelt werden sollten, in denen auch die ‚Pille danach' verschrieben würde. Die Ärzteschaft wäre damit der Argumentation des Oberarztes gefolgt.

Für diese Einschätzung sprechen die Aussagen einer Pressemitteilung der Hospitalvereinigung vom 21. 1. 2013. Darin werden die Protokollaussagen der beiden diensthabenden Ärztinnen zitiert, die am 15. 12. 2012 von der KV-Notfallambulanz angerufen worden waren: *„Im vorliegenden Fall stellte sich für die beiden Klinikärztinnen die Frage nach einer vollumfänglichen Weiterbehandlung. Da sich die Patientin be-*

reits in ärztlicher Obhut befand und katholische Krankenhäuser keine Notfallkontrazeption ausstellen und ausgeben dürfen, empfahlen die beiden Krankenhausärztinnen unabhängig voneinander, <u>alle Maßnahmen im Sinn der Patientin aus einer Hand</u> z. B. im Krankenhaus Holweide oder in der Uniklinik <u>durchzuführen.</u>"[149] Die beiden letztgenannten Häuser standen damals auf der Liste des ASS-Netzwerkes. In der oben zitierten Pressemeldung, insbesondere bei den unterstrichenen Formulierungen, ist die Argumentation des Oberarztes wiederzuerkennen. Dieser hatte in seinem Brief vom 30. 3. an das ASS-Netzwerk eine *„umfassende Versorgung in einer Hand"* präferiert.

Wie ist es aber zu erklären, dass die Stationsärztinnen aus den Gynäkologieabteilungen der beiden Kliniken acht Monate nach dem Oberarzt-Schreiben dessen Diktion gebrauchten? Eine plausible Antwort darauf besteht in der Annahme, dass die Leitungen der beiden gynäkologischen Stationen sich der Argumentation des Oberarztes angeschlossen und das ärztliche Personal in diesem Sinne instruiert hatten. Für diese Folgerung spricht auch die Formulierung der Leiterin der Notruf-Organisation von der *„Argumentation der Ärzteschaft".*

11. Erörterung der verschiedenen Versionen des Geschehens

Mit der Darstellung der internen Kommunikation in den beiden gynäkologischen Stationen der Cellitinnen-Krankenhäuser wird der Hintergrund erhellt, vor dem die beiden Klinikärztinnen auf die Anfrage der Notfallambulanz antworteten. Die Untersuchung im vorhergehenden Kapitel stellt gewissermaßen die Gegenrecherche zu den Behauptungen des Kölner Stadt-Anzeigers dar.

Obwohl die Grundzüge der obigen Ausführungen durch eine *„Richtigstellung"* des Vereins Notruf und Beratung für vergewaltigte Frauen schon am 18. 1. 2013 bekannt waren [150], blieb der KStA dabei, sich allein auf die Aussagen der Notfallambulanzärztin zu stützten. Es gehört aber zu den Grundsätzen eines seriösen Journalismus', auch die andere Seite zu hören (audiatur et altera pars), um eine größtmögliche objektive Darstellung eines Geschehens zu gewährleisten. In diesem Fall war die Forderung umso dringender, da das zu berichtende Basisgeschehen aus einem Telefongespräch zwischen *zwei* Ärztinnen bestand, von dem die Zeitung nur Einseitiges von einer Person berichtete.

Es liegen insgesamt vier Berichtsversionen von dem zugrundeliegenden Telefonat vor:

» das WDR-Interview mit dem ärztlichen Direktor Prof. Dr. Dietmar Pennig, das im 1. Kapitel vorgestellt ist;

» das Gesprächsprotokoll mit der diensthabenden Klinikärztin des St. Vinzenz-Hospitals vom 16. 1. – im 4. Kapitel behandelt;

» die im 10. Kapitel erwähnte Pressemitteilung der Hospitalvereinigung vom 21. 1., in der die Aussagen der angerufenen Gynäkologinnen der beiden Cellitinnen-Krankenhäuser festgehalten sind sowie

» die Aussagen der Notfallambulanzärztin Irmgard Maiworm, übermittelt und interpretiert vom Kölner Stadt-Anzeiger.

In den vier Quellen kommen unterschiedliche Aspekte, aber auch widersprechende Aussagen zu dem Basisgeschehen ins Spiel. Angesichts dieser Konstellation ist eine kritische Bewertung der Quellentexte unumgänglich. Man kann eine solche Analyse vergleichen mit der Aufgabe eines Richters in einem Indizienprozess, wenn vier verschiedene, teilweise gegensätzliche Zeugenaussagen zum gleichen Geschehen vorliegen. Diese müssen dann gesichtet und gewichtet werden, nach Schlüssigkeit und Widersprüchen untersucht und schließlich bewertet werden. Nach diesem Vorgehensmuster werden nun die vorliegenden vier Aussagenkomplexe erörtert.

Erste Version des Telefongesprächs:
Der ASS-Komplex nach dem WDR-Interview

In der WDR-Lokalzeit-Sendung vom 22. 1. 2013 zeichnete der ärztliche Direktor vom St. Vinzenz-Hospital den ersten Teil der telefonischen Beratung zwischen der Gynäkologin des Krankenhauses und der Notfallambulanzärztin nach [151]. Dabei stützte sich der Klinikdirektor auf ein aufgezeichnetes Gespräch der Klinikleitung mit der diensthabenden Ärztin der Gynäkologiestation vom St. Vinzenz-Hospital. Nach dem Gesprächsprotokoll antwortete die Klinikärztin auf die Anfrage der Notfallambulanz, dass eine forensische Untersuchung nicht möglich sei, weil *„das Krankenhaus* (St. Vinzenz-Hospital) *zum aktuellen Zeitpunkt* (Dezember 2012) *von der ASS abgemeldet"* sei [152].

Die Antwort der Klinikärztin auf die Anfrage der Notfallambulanzärztin stellte die Version des Kölner Stadt-Anzeigers infrage. Der KStA-Bericht hatte weder die zitierte Antwort der Klinikärztin noch die Nachfrage nach einer ASS-Untersuchung erwähnt. Von zwei renommierten Zeitungen liegen aber eindeutige Berichte vor, dass Irmgard Maiworm eine entsprechende Behandlung angefragt hatte [153]. Sie bestätigen die Protokollaussagen der Klinikärztin. Drei Quellen legen somit nahe, dass die Notfallambulanzärztin bzw. der Kölner Stadt-Anzeiger die entscheidenden Informationen zum ASS-Komplex weggelassen hatte.

Damit war in der KStA-Publikation der sachliche Grund für Nicht-Aufnahme und Weiterverweisung der Patientin weggefallen und der Weg frei für das Skandalkonstrukt der Abweisung.

Als Ergebnis dieser quellenkritischen Erörterung erscheint der Bericht des ärztlichen Direktors vom St. Vinzenz-Hospital als am Besten belegt. Seine Aussagen über den telefonischen Gesprächsverlauf zum ASS-Komplex in der WDR-Lokalzeitsendung vom 22. 1. können so zusammengefasst werden:

Die Notfallambulanzärztin habe in der gynäkologischen Abteilung des Krankenhauses um eine forensische Untersuchung nachgefragt. Doch das St. Vinzenz-Hospital sei seit September 2012 vom Netzwerk der Anonymen Spurensicherung abgemeldet gewesen. Man hätte also zu jenem Zeitpunkt gar nicht die technischen Möglichkeiten zur Verfügung gehabt, um einen sicheren Nachweis zu führen, ob eine Gewalttat vorliegt. Im Falle einer Anzeige hätte die Patientin ein drittes Mal ihre Geschichte erzählen und untersucht werden müssen in einer der zuständigen Kliniken.

Darin habe die diensthabende Ärztin der gynäkologischen Abteilung eine zu große Belastung für die Patientin gesehen, so dass sie die Empfehlung gab, die Frau sogleich in ein städtisches Krankenhaus oder die Universitätsklinik zu überweisen, die dem Netzwerk der Anonymen Spurensicherung angeschlossen waren [154]. Prof. Pennig bestätigte diese Aussagen knapp drei Jahre später: *„Der Frau, der glücklicherweise nie etwas passiert ist* [155]*, hätte in einem weiteren gynäkologischen Krankenhaus noch mal untersucht werden müssen. Das wollten wir ihr ersparen."* [156]

Die zweite Version:
Weiteres aus dem Gesprächsprotokoll mit der Klinikärztin

Nach der begründeten Weiterempfehlung der Patientin durch die Klinikärztin ging das Beratungsgespräch aber weiter – über die Alternative einer nicht-forensischen Untersuchung im St. Vinzenz-Hospital.

Eine solche Behandlung hätte zu der oben erwähnten Doppelbelastung durch zwei Untersuchungen geführt. Trotzdem ging die Klinikärztin auf diese weitere Anfrage ein. Ihre Antwort war laut Gesprächsaufzeichnung: *„Sie sah sich nicht in der Lage, eine vollumfängliche Versorgung anzubieten, die die fachgynäkologische Untersuchung / Behandlung und eine Beratung und Dokumentation zur Notfallkontrazeption umfasste"*[157].

Bemerkenswert an dieser Auskunft ist die Feststellung, dass die Klinikärztin sich allein aus praktischen Gründen nicht in der Lage sah, die weitere Anfrage der KV-Notfallpraxis nach einer fachärztlichen Untersuchung erfüllen zu können. Der ärztliche Direktor der Klinik ergänzte, die diensthabende Assistenzärztin im zweiten Jahr der Facharztausbildung habe bei dem Anruf von der KV-Notfallambulanz *„in der Betreuung von mehreren Geburten"* gestanden[158].

Demnach hatte die Klinikärztin keine grundsätzlichen oder gar ideologischen Bedenken gegen eine gynäkologische Untersuchung, wie Irmgard Maiworm behauptete. Im Gegenteil: Aus ihren Worten sprach eher die Bereitschaft, eine *„vollumfängliche medizinische Versorgung"* leisten zu wollen, wenn es die praktischen Umstände erlaubt hätten. Darunter verstand sie auch, die Patientin zur Notfallkontrazeption zu beraten sowie Untersuchung und Beratung anschließend zu dokumentieren. Mit diesem Ansatz bezog sich die Ärztin auf die Ethische Stellungnahme der Klinik vom 7. 11. 2012. Darin war der Dreischritt von Behandlung, Beratung und Dokumentation gefordert. Die Klinikärztin zeigte damit, dass sie mit dem klinikinternen Dokument vertraut war. Jedenfalls muss nach dieser Erkenntnis auch hinter der vorschnellen These des Klinikensprechers Christoph Leiden ein Fragezeichen gesetzt werden, dass die Ethische Stellungnahme in den Gynäkologie-Abteilungen nicht ausreichend bekannt gewesen wäre[159]. Die Argumentation, nach der die Klinikärztin die neue Anfrage der Notfallambulanz nach einer gynäkologischen Untersuchung nicht erfüllen konnte, ist schlüssig und nachvollziehbar.

Dagegen behauptete Irmgard Maiworm laut KStA-Bericht, die Klinikärztin habe die Ablehnung der Behandlung mit angeblichen „Weisungen" von Kardinal Meisner begründet. Diese seien dann in die Ethische Stellungnahme eingeflossen. Wie im 4. Kapitel nachgewiesen, waren beide Behauptungen unzutreffend. Insbesondere erwies sich die These der Notfallambulanzärztin als falsch, die Ethische Stellungnahme habe jegliches „Aufklärungsgespräch" über die ‚Pille danach' verboten [160]. Maiworms Erzählungen an den KStA-Reporter stimmten weder mit den Aussagen der Klinikärztin überein noch waren sie in den Klinikdokumenten basiert.

In einem weiteren Punkt widersprach die Klinikärztin laut Gesprächsprotokoll der Notfallambulanzmedizinerin: „Zu keinem Zeitpunkt im Telefonat mit der KV-Notfallpraxis (Frau Maiworm und Mitarbeiter) sei die Rede davon gewesen, dass es sich ausschließlich um eine gynäkologische Untersuchung handeln sollte (ohne Beratung und ohne die Vergabe der ‚Pille danach')" [161].

Diese Aussage erklärt, warum die angerufene Gynäkologin von der Erwartung ausging, neben der Untersuchung eine Beratung zu führen und eine Dokumentation zu erstellen. Dagegen will die Ärztin Maiworm den Einwand gemacht haben: „dass das Beratungsgespräch schon erfolgt und die ‚Pille danach' bereits verschrieben" sei [162]. Trotzdem hätte die Klinikärztin auch eine rein gynäkologische Untersuchung abgelehnt. Damit stehen zwei sich widersprechende Aussagen im Raum. Eine davon muss falsch sein.

Die Notfallambulanzärztin hatte zunächst festgestellt, die antelefonierte Klinikärztin hätte die Ablehnung der angefragten Untersuchung mit dem dazugehörigen Aufklärungsgespräch über die ‚Pille danach' begründet. Wenn aber Beratung und Verschreibung der Notfallkontrazeption schon geschehen wären, wie Irmgard Maiworm gesagt zu haben behauptete, hätte es keinen sachlichen Grund für die Klinikärztin gegeben, die Patientin nicht zu untersuchen. Denn die vermeintliche Weisung von oben, aber auch die reale Ethische Stellungnahme enthielten nur das Verbot, die ‚Pille danach' zu verschreiben, nicht aber die Untersagung einer reinen gynäkologischen Behandlung, wenn die Notfallkontrazeption schon verschrieben war.

Dass die Klinikärztin trotz der behaupteten Information über die Präparatverschreibung weiterhin mit dem Verbot von Beratung zur ‚Pille danach' eine gynäkologische Untersuchung abgelehnt hätte, wäre eine völlig unlogische Reaktion gewesen. Und diese unsinnige Antwort wäre auch noch von einer zweiten Ärztin im Heilig Geist-Krankenhaus gekommen. Sollten die Ärztinnen in katholischen Krankenhäusern so irrational reagiert haben? Doch genau dieses Bild von verstockten katholischen Ärzten, die eine angebliche Anweisung von Kardinal Meisner starr und angstvoll befolgten, wollten die Notfallambulanzärztin und der KStA glauben machen. Das Konstrukt von situationsblinder Anwendung dogmatischer Kirchenweisungen (die definitiv nicht vorlagen) passte zu gut in das Empörungsurteil der Irmgard Maiworm über die *„Kirche wie im Mittelalter"* (vgl. dazu die Ausführungen im 3. Kapitel). Es drängt sich der Schluss auf, dass die Behauptungen der Notfallambulanzärztin in diesem Punkt nicht zutreffend waren. Die Aussagen der Klinikärztin dagegen erscheinen situationsgerecht und stimmten mit den belegten Vorgaben der Ethischen Stellungnahme überein.

Dritte Version zu dem Geschehen:
Aus der Pressemitteilung der Hospitalstiftung

In der Pressemitteilung der Hospitalvereinigung vom 21. 1. 2013 heißt es einleitend: *„Wir haben mit den diensthabenden Ärztinnen gesprochen und können uns nun ein genaueres Bild der Ereignisse machen."*[163] Im Unterschied zum Gesprächsprotokoll vom 16. 1. nur mit der Ärztin vom St. Vinzenz-Hospital war bei dieser Unterredung auch die Gynäkologin vom Heilig Geist-Krankenhaus einbezogen. Dieser Umstand mag auch erklären, dass bei diesem Gespräch eine dritte Begründungsversion zur Sprache kam, nach der die Anfrage von der Notfallambulanz abschlägig beschieden wurde:

Wie in den letzten Abschnitten gezeigt, war die Klinikärztin grundsätzlich bereit, bei einer Vergewaltigten eine gynäkologische Untersuchung mit anschließender Beratung zur Notfallkonzeption durchzuführen, wenn es die praktischen Umstände erlaubt hätten.

Was aber folgte, wenn die Patientin nach Untersuchung und Beratung eine Vergabe der ‚Pille danach' verlangte? Von dieser Möglichkeit musste die Klinikärztin ausgehen, da nach ihrem Wissensstand die ‚Pille danach' noch nicht verschrieben worden war (siehe oben). In diesem Fall hätte die Klinik die Patientin an eine andere Klinik oder einen Arzt weitervermitteln müssen, wie das bis 2012 in den Cellitinnen-Krankenhäusern üblich war.

Gegen diese Praxis hatte der Oberarzt vom Heilig Geist-Krankenhaus mit seinem Brief vom März 2012 sein Veto eingelegt, was im vorigen Kapitel erläutert wurde. Auf dessen Argumente und Wortwahl bezogen sich die beiden antelefonierten Gynäkologinnen, als sie die folgende Empfehlung an die Notfallambulanz gaben.

Unter dem Ziel einer *„vollumfänglichen Weiterbehandlung"* sollten bei einer Vergewaltigten *„alle Maßnahmen aus einer Hand"* in einem anderen Krankenhaus durchgeführt werden. Das sei *„im Sinne der Patientin"*. Denn da katholische Häuser keine Notfallkontrazeption ausgeben dürften, sollte die Behandlung der Patientin in einer Einrichtung erfolgen, die nach Untersuchung und Beratung auch die Vergabe der ‚Pille danach' anböte [164].

Eine solche Handlungsempfehlung der beiden Ärztinnen stand zwar im Widerspruch zur damaligen Praxis der katholischen Kliniken und auch zu der Ethischen Stellungnahme der Hospitalvereinigung vom 7. 11. 2012. Sie war aber nicht ideologisch oder dogmatisch begründet, wie der Kölner Stadt-Anzeiger unterstellte.

Der Oberarzt hatte sein Vorgehen ausdrücklich aus ethischen und medizinischen Überlegungen entwickelt. Sogar die Vorsitzende des Vereins Notruf und Beratung für vergewaltigte Frauen hatte *„Verständnis* *für diese Argumentation der Ärzteschaft"* gezeigt. Dafür den Vorwurf von Fehlverhalten oder gar Hilfeverweigerung aufzustellen, wäre unangemessen – wenn nicht absurd.

Wie im letzten Kapitel dargelegt, hatte sich der Argumentation des Oberarztes vom Heilig Geist-Krankenhaus auch die Ärzteschaft der Gynäkologie vom St. Vinzenz-Hospital angeschlossen.

Mit der internen Absprache ist eine weitere Gegebenheit schlüssig zu erklären: Die Gynäkologinnen der zwei Cellitinnen-Krankenhäuser hatten im Einvernehmen mit der Linie des Oberarztes eine gleichlautende Antwort gegeben, als telefonisch nach einer einfachen gynäkologischen Untersuchung angefragt worden war. Diese Koinzidenz hatte zu zwei fehlgeleiteten Spekulationen Anlass gegeben:

» Der Pressesprecher der Hospitalstiftung, Christoph Leiden, war laut Zeitungsberichten der Meinung, die ähnlichen Antworten der beiden Gynäkologie-Ärztinnen seien *„reiner Zufall"* gewesen. *„In beiden Fällen hätten einzelne Ärzte einen Fehler gemacht."*[165] Die These vom Zufall bei der Übereinstimmung der Aussagen traf nicht zu. Auch der Vorwurf von fehlerhaftem Verhalten stellte sich als falsch heraus.

» Laut SPIEGEL hatte die Notfallambulanzärztin Irmgard Maiworm die *„fast gleichlautende Antwort"* der beiden antelefonierten Kliniken so erklärt: Für die Cellitinnen-Krankenhäuser gebe es *„seit zwei Monaten eine Weisung"*, nach der solche Untersuchungen nicht mehr stattfinden dürften[166]. Ähnliches hatte der Kölner Stadt-Anzeiger berichtet mit der Ergänzung: Wegen Kündigungsdrohung habe die Klinikärztin *„der Weisung folgen"* müssen[167].

Die gleichlautenden Antworten der Ärztinnen auf eine Weisung der Klinikenleitung zurückzuführen, war reine Spekulation. Die beiden Gynäkologinnen bezogen sich mit ihrer Bereitschaft zu Untersuchung und Beratung auf die tatsächlichen Anforderungen der Ethischen Stellungnahme. Darüber hinaus folgten sie den Bedenken und Begründungen des Oberarztes. Als Günther Jauch in seiner Sendung vom 3. 2. 2013 versuchte, aus den ähnlichen Aussagen der beiden Gynäkologinnen Funken zu schlagen für sein Sperrfeuer gegen Kirche und Kardinal, war die Medienthese von der Phantasie-*„Weisung von oben"* schon mehrfach widerlegt worden [168].

Vierte Version:
Der KStA-Bericht zu den weiteren Begründungen der Klinikärztin

Die bisherige Erörterung hat gezeigt, dass der Bericht des Kölner Stadt-Anzeigers zu allen substantiellen Gesprächspunkten des Telefongesprächs defizitär war. Ein weiterer Themenkomplex der KStA-Publikation ist dagegen anders zu bewerten: Die Klinikärztin habe zum Schluss des Telefonats die Aufnahme der Patientin mit vier weiteren Begründungen abgelehnt: Androhung der fristlosen Kündigung bei Beweissicherung und gynäkologischer Untersuchung, vollzogene Kündigung in einem Fall, Verbot eines Aufklärungsgesprächs zur ‚Pille danach' – nach einer Weisung der ethischen Richtlinie der Klinik [169].

Bei Nachforschungen der Klinikleitung erwiesen sich alle vier von der Zeitung genannten Begründungsbehauptungen als falsch oder fehlerhaft. Von diesem Urteil ist die Erörterung der Frage zu trennen, ob die Klinikärztin das gesagt haben könnte. Angesichts der Bereitschaft der Klinikärztin zu einer gynäkologischen Untersuchung mit Beratung kann sie nicht gleichzeitig von einem Beratungsverbot zur ‚Pille danach' gesprochen haben, wie der KStA bzw. die Notfallambulanzärztin behauptete.

Die Folgethese von der Verankerung des angeblichen Beratungsverbots in der Regelung der Ethikrichtlinie, die die Zeitung der Klinikärztin in den Mund legte, ist dann ebenso unlogisch. Da es aber in der Klinik nachweisbar (und auch nach den Aussagen der Klinikärztin) kein Beratungsverbot zur Notfallkontrazeption gab, hatten die behauptete Kündigungsdrohung oder gar eine vollzogene Kündigung keine Basis in der Wirklichkeit. Alle vier Begründungsbehauptungen für die Ablehnung einer gynäkologischen Untersuchung waren objektiv falsch. Auch die innere Widersprüchlichkeit der vier Thesen legt die Folgerung nahe, dass sie von der Klinikärztin so nicht gesagt worden sind. Die Notfallambulanzärztin hätte demnach die Aussagen ihrer ärztlichen Gesprächspartnerin völlig durcheinandergeworfen und gründlich *„missverstanden"*, wie der Pressesprecher der Hospitalvereinigung das Telefonat der beiden Ärztinnen charakterisierte.

In einer letzten Überlegung zu diesem Komplex soll die Annahme gesetzt werden, dass die Klinikärztin doch von Kündigungen gesprochen hätte. Aber nicht das vermeintliche Beratungsverbot zur ‚Pille danach' wäre dann der Bezug gewesen, sondern das tatsächliche Verbot der Kirche zur Vergabe der Notfallkontrazeption könnte Kündigungsbefürchtungen ausgelöst haben.

Der Brief von Generalvikar Dominik Schwaderlapp, der im Auftrag von Kardinal Joachim Meisner im Februar 2012 das strikte Vergabeverbot eingeschärft hatte, wäre dann der Hintergrund dafür gewesen. Aufgrund von Nachforschungen der Klinikleitung waren aber Kündigungen und Kündigungsdrohungen zu keinem Zeitpunkt nachweisbar. Wenn die Klinikärztin von Kündigungsdrohungen gesprochen hätte, dann hätte sie Gerüchte erzählt, Geschichten weitergesponnen und zu einer Drohkulisse aufgebaut.

Die entsprechende Zeitungsdarstellung müsste ebenfalls als Kolportage charakterisiert werden. Sie würde dann – salopp gesagt – Stationsklatsch wiedergegeben haben. So oder so hatte der Kölner Stadt-Anzeiger seine Skandal-Geschichte auf dem Sand unsicherer oder spekulativer Auskünfte gebaut.

Nach der Analyse der vier Darstellungsversionen von dem einen Telefongespräch lautet das Ergebnis: Der Variante des KStA bzw. von Frau Maiworm kommt die geringste Zuverlässigkeit für zutreffende Informationen zu. Die drei anderen Versionen von Seiten der Klinik sind tragfähig, insofern sie jeweils von weiteren Quellen bestätigt werden konnten. Andererseits sind bei den Positionen der Klinik-Angestellten ebenfalls Fehlstellen zu erkennen: So kommen etwa bei dem WDR-Interview von Prof. Pennig Gesprächshinweise auf die ‚Pille danach' und Beratungen nicht vor. Aus dieser Sichtung ergibt sich, dass in den drei Klinik-Versionen einzelne Punkte weggelassen wurden, die in den anderen Fassungen auftauchen.

Positiv gesagt wären damit in den drei Erklärungsversionen jeweils verschiedene Aspekte des zugrundeliegenden Telefongesprächs in den Fokus gestellt, während man andere wegließ. Diese Fokussierung ist erklärbar aus der situativen Einbettung der jeweiligen Aussagen.

Wenn diese Annahmen zutreffen, kann mit einer Zusammenführung der vier aufgeführten Versionen der vollständige Gesprächsinhalt realitätsnah rekonstruiert werden. Damit kommt die Mosaikmethode zur Anwendung, wie etwa bei Gericht aus den verschiedenen Zeugenaussagen ein Gesamtbild des zu beurteilenden Geschehens ermittelt wird.

So ist in diesem Fall eine größtmögliche Annäherung an das wirkliche Gesprächsgeschehen in dem Telefonat zu erreichen. Ob das Ergebnis überzeugt, sei dem Urteil des Lesers überlassen. Jedenfalls sind die vier Basisquellen, die kritische Erörterung dazu sowie die argumentativen Bewertungsschritte einer Überprüfung zugänglich.

Das rekonstruierte Basisgeschehen

Auf die telefonische Nachfrage der KV-Notfallambulanz, ob das St. Vinzenz-Hospital eine forensische ASS-Untersuchung bei einem Vergewaltigungsopfer durchführen könnte, antwortete die diensthabende Klinikärztin auf der Gynäkologiestation:

» Das sei unmöglich, weil die Klinik seit drei Monaten nicht mehr die medizinische und technische ASS-Kompetenz habe. Von einer rein gynäkologischen Untersuchung sei abzuraten wegen der unnötigen Doppelbelastung durch eine weitere ASS-Untersuchung in einem anderen Kölner Krankenhaus. Die Klinikärztin plädierte für die Überweisung in eine ASS-Klinik – etwa das Evangelische

Krankenhaus Kalk, wo die Untersuchung später tatsächlich durchgeführt wurde.

» Trotz der Argumente gegen eine nicht-forensische Untersuchung blieb die Alternative einer einfachen gynäkologischen Untersuchung in der Klinik Gesprächsthema der beiden Ärztinnen. Dem erneuten Ansinnen von Seiten der Notfallambulanzärztin konnte die Gynäkologin aus anderer Hinsicht nicht nachkommen. In diesem Fall waren es praktische Gründe für die Nicht-Aufnahme der Patientin: Angesichts ihrer aktuellen Belastungen in der Betreuung mehrerer Geburten sei sie nicht in der Lage, eine gynäkologische Untersuchung einschließlich Beratung zur ‚Pille danach' und Dokumentation durchzuführen. Die beiden letzteren Punkte waren von der internen Ethikrichtlinie der Klinik gefordert. Die pflichtmäßige Kontrazeptionsberatung führte die Gynäkologin deshalb in ihrer Untersuchungstrias auf, da man sie nicht darüber informiert hatte, dass der Patientin die ‚Pille danach' schon verschrieben worden war.

» Weiterhin – so die Klinikärztin – würde sich folgendes Problem stellen, falls die Patientin nach Untersuchung und Beratung die Notfallkontrazeption verlangen würde: Da katholische Häuser die ‚Pille danach' nicht ausgäben, sei es sinnvoll, die Behandlung der Patientin von vornherein in einer Einrichtung vorzunehmen, die alle Maßnahmen aus einer Hand anböten.

» Schließlich soll die Klinikärztin weitere Begründungen für die Nicht-Aufnahme der Patientin nachgeschoben haben, die der KStA in seinem Bericht anführte: Sie habe vom Verbot von Beratungsgesprächen erzählt, von Kündigungsandrohungen sowie einer erfolgten fristlosen Kündigung. Das Beratungsverbot zur ‚Pille danach' würde auf Kardinal Meisner zurückgehen. Alle vier Behauptungen erwiesen sich schon am Tag nach der Erstpublikation in der Pressekonferenz der Hospitalstiftung als unzutreffend. Die Notfallambulanzärztin hatte verschiedene Aussage der Klinikärztin gründlich missverstanden. Zu der Rede von Kündigung und Kündigungsdrohung ist nicht auszuschließen, dass die Klinikärztin Stationsgerüchte wiedergegeben hatte.

12. Kliniken und Erzbistum unter Mediendruck

Der Pressesprecher der Hospitalstiftung, Christoph Leiden, reagierte noch am gleichen Tag, als der Kölner Stadt-Anzeiger seinen Artikel zu der angeblichen Abweisung publizierte. Er brachte mit Datum vom 16. 1. 2013 eine aufklärende Pressemitteilung heraus [170]. Darin wurden die Grundsätze der Ethischen Stellungnahme für die umfassende Heilbehandlung von mutmaßlich Vergewaltigten in Kürze dargestellt, wie sie im 4. Kapitel erläutert sind. Als Bewertung fasste er zusammen: *„In dem genannten Fall vom 15. Dezember 2012 ist es vermutlich zu einem Missverständnis gekommen"* zwischen der Notfallambulanz und der gynäkologischen Abteilung des St. Vinzenz-Hospitals. Eine *„gemeinsame Aufarbeitung und Klärung"* der Kommunikation werde angestrebt [171].

In dieser ersten wie auch der folgenden Pressemeldung vom nächsten Tag steckte schon ein medienstrategischer Fehler. Die Formulierung von einem passierten *„Fall"* mit konkreter Datumsangabe setzte die mediale Darstellung mit der Wirklichkeit gleich. Zu jenem Zeitpunkt lag der Klinik nur der Zeitungsbericht über das telefonische Beratungsgespräch vor, wie es von der Notfallambulanzärztin erzählt worden war. Die eigenen Recherchen der Klinik waren noch nicht abgeschlossen. Die Pressemitteilung konnte und durfte sich nicht auf einen realen Vorfall beziehen, sondern nur auf die berichtete Version eines KStA-Reporters darüber. In der Aussage der Pressemeldung steckte aber die Unterstellung, dass sich der Vorfall genauso zugetragen hätte, wie der KStA es darstellte.

Dem war aber nicht so. Daher hätte die Klinik von Anfang an einen Realitätsvorbehalt einfügen sollen – etwa derart: *„Wenn der Pressebericht so"* oder *„in diesen Punkten zutreffend ist"*. Dazu gilt allgemein: Ein solcher Hinweis ist ein Signal an die Öffentlichkeit, Inhalte von Pressepublikationen in ihrem medialvermittelten Charakter wahrzunehmen. Zugleich sollte damit eine interne Aufforderung verbunden sein, die betreffende Publikation selbst gründlich zu analysieren. Ebenfalls ist eine interne Gegenrecherche zu den Pressebehauptungen einzuleiten. Das tat der Klinikvorstand damals. Schon am 16. 1. setzte der Geschäftsführer vom St. Vinzenz-Hospital, André Meiser, ein Gespräch mit der Klinikärztin an [172]. Dabei kamen fundamentale Widersprüche zum KStA-Bericht zum Vorschein, wie im 4. Kapitel dargelegt. Insbesondere hatte die Klinikärztin keine Abweisung der Patientin vorgenommen, sondern der Notfallambulanzärztin eine Weiterverweisung an eine der fünf Kölner ASS-Krankenhäuser empfohlen.

Die Klinikleitung verwendete jedoch die erhaltenen Gegeninformationen weder in der zweiten Pressemitteilungen der Hospitalstiftung vom 17. 1., noch stellte sie auf der Pressekonferenz des gleichen Tages die Aussagen der Klinikärztin der KStA-Version gegenüber. Damit wären die KStA-Behauptungen infrage gestellt worden. Die Hospitalstiftung hatte mit den protokollierten Gesprächsaussagen der Klinikärztin eine sichere Auskunftsbasis aus erster Hand, während der KStA nur über die Vermittlungsstationen Notfallambulanzärztin und Mitarbeiter über das Telefongespräch berichteten konnte. Der Verzicht auf die öffentliche Verwendung der Richtigstellung der Klinikärztin ruft nach einer Erklärung. Pressesprecher Christoph Leiden sprach in diesem Zusammenhang von Überlastung der Presseabteilung angesichts der Flut von Medienanfragen. Wichtiger scheint die Überlegung gewesen zu sein, dass man sich mit der Konzentration auf die Ethische Stellungnahme auf der sicheren Seite fühlte [173]. Die Leitlinie, wie die Ärzteschaft sich bei Vergewaltigten verhalten sollte, entlastete die Klinik. *„Keine vergewaltigte Frau wird* (nach den klinikinternen Regeln) *von uns abgewiesen"*, erklärte Leiden [174].

Erst nach knapp einer Woche machte die Kliniken-Pressestelle einen Teil aus dem Gesprächsprotokolls publik – in dem WDR-Interview vom 22. 1. (vgl. 1. Kapitel). Das Versäumnis der Klinikleitung, ihre neuen Erkenntnisse zu dem ärztlichen Telefongespräch frühzeitig öffentlich zu machen, hatte fatale Folgen. Die bestanden vor allem darin, dass sie die falsche Zeitungsversion anerkannte und damit die eigenen angestellten Ärztinnen belastete. Der Pressesprecher ließ sich mit den Worten zitieren: *„Die Hospitalvereinigung bedauert das Verhalten ihrer beiden Mitarbeiter, die eine Patientin aus noch ungeklärten Gründen abgewiesen"* hätten [175]. Auf der Pressekonferenz sagte Leiden, die Ärztinnen (vom St. Vinzenz-Hospital und dem Heilig Geist-Krankenhaus) hätten *„Falschaussagen"* getätigt [176]. Damit meinte er unter anderem das von der Zeitung behauptete Beratungsverbot für Kontrazeptionsmittel, von dem die Klinikärztinnen aber nicht gesprochen hatten.

Durch die Anerkennung der Positionen des Kölner Stadt-Anzeigers kam der Pressesprecher in Zugzwang für weitere fehlerhafte Spekulationen. Denn nach der Darlegung der Ethischen Stellungnahme stand die Frage im Raum, warum die Klinikärztinnen die vermeintliche Abweisung entgegen den Handlungsprinzipien der Kliniken getätigt hätten. Leiden machte dafür Fehler in der internen Kommunikation verantwortlich. Man müsse sich vorwerfen lassen, die Stellungnahme der Ethikkommission nicht ausreichend für die beiden gynäkologischen Stationen kommuniziert zu haben, so dass *„nicht jeder davon wissen konnte, in welchen Leitplanken er sich bewegt"* [177]. Die Aussage war eine rein schlussfolgernde Vermutung. Sie traf in dieser Form nicht zu. Das hätte man schon aus der Analyse des Gesprächsprotokolls mit der Klinikärztin entnehmen können, die mit der Richtlinie der Ethischen Stellungnahme gut vertraut war [178].

Aus dem Bedauern für die vermeintliche Abweisung folgte dann eine förmliche Entschuldigung des Pressesprechers. Christoph Leiden trat mit folgender Ansprache vor die Medienvertreter: *„Ich möchte mich ganz persönlich dafür entschuldigen, dass die Frau im St. Vinzenz-Hospital keine Hilfe erfahren hat und es auch im Heilig Geist-Krankenhaus zu einer bedauerlichen Situation (...) gekommen ist."* [179] Der Pressesprecher hat sich später damit gerechtfertigt, dass er damals im Minutentakt von Medienvertretern mit Nachfragen gelöchert wurde [180]. Mit der Betroffenheitsaussage gegenüber dem Vergewaltigungsopfer hätte er dem Mediensturm gegen die Krankenhäuser den Wind aus den Segeln nehmen wollen. Außerdem führte er an, dass er und seine Mitarbeiter einem shitstorm von Beschimpfungen und Bedrohungen ausgesetzt waren, der sie psychisch stark belastete. Auf allen Medienkanälen – Presse, TV, Mails, facebook und Twitter – wurde gegen die Kliniken geschossen. Schließlich bekamen auch Mitarbeiter aller Cellitinnen-Krankenhäuser empörte und beschuldigende Reaktionen zu spüren. Mit der Entschuldigungsgeste – so Christoph Leiden – wollte der Krankenhausträger gegenüber der Öffentlichkeit zeigen, dass er Mitgefühl für das Vergewaltigungsopfer empfand. Motiv und Absicht für die Entschuldigungsaussage können als nachvollziehbar und somit verständlich angesehen werden. Insbesondere muss die Situation der Bedrängnis durch eine von den Medien aufgehetzte und aggressive Öffentlichkeit in Rechnung gestellt werden. Möglicherweise trug die Entschuldigung zur Beruhigung insbesondere für die Kliniken-Mitarbeiter bei, was aber schwer zu überprüfen ist. Der Pressesprecher führte einen weiteren Aspekt auf: Die Frau, die mutmaßlich mit K.o.-Tropfen willenlos gemacht und vergewaltigt wurde, hätte mehr Empathie verdient gehabt. Das zu betonen war gewiss eine richtige und wichtige Reaktion der Hospitalstiftung gegenüber einer emotional aufgewühlten Öffentlichkeit. Doch dieser Aspekt kam in der Pressemeldung nur am Rande zum Ausdruck.

Reproduzierung der fehlerhaften Medien-Behauptungen

Bei allem Verständnis für die Motive der Klinikenleitung muss die Frage erörtert werden, ob Art und Inhalt der Entschuldigung zielführend waren und welche Nebenwirkungen sie hervorriefen. Als erste Folge ist zu nennen: Die Entschuldigungsaussage lenkte die Aufmerksamkeit sogleich auf ein mutmaßliches Versagen der Kliniken. Sie beinhaltete ein Schuldeingeständnis des Krankenhausträgers allein auf eine Zeitungsmeldung hin. Unter der Überschrift *„Vorauseilende Entschuldigung"* veröffentlichte der Ärzteverband Süd-Westfalen einen Bericht der Jungen Freiheit, in dem es heißt: *„Ohne offenbar die Fakten eingehend zu* *prüfen, entschuldigten sich die Kliniken bei der Patientin.“* [181)] Dieser Vorwurf enthielt ein Spiegelbild zum Vorgehen des Kölner Stadt-Anzeigers, der eine Beschuldigung der Krankenhäuser in die Welt setzte – ebenfalls ohne ausreichende Prüfung der Sachlage.

In den weiteren Formulierungen der Entschuldigungsrede wurden fehlerhafte Medienbehauptungen reproduziert:

» Die Aussage: *„Die Frau hat keine Hilfe erfahren im Vinzenz-Hospital“* spielte allen falschen Thesen der Presse in die Hände. Die Aussage förderte die Vorstellung, als wenn die Patientin der kassenärztlichen Notfallpraxis im Hospitalgebäude um Hilfe gebeten hätte. Die Frau hatte aber weder an der Pforte noch telefonisch angefragt. Es ging dabei auch nicht um Hilfe oder Heilbehandlung, sondern um eine forensische Spurensicherung.

» Mehrfach deplatziert war die Aussage: *„Auch im Heilig-Geist-Krankenhaus kam es zu einer bedauerlichen Situation.“* Die Formulierung ist eine verunklarend-vertuschende Passivkonstruktion. In Wirklichkeit machte eine Gynäkologin aus dem Heilig-Geist-Krankenhaus telefonisch eine ähnliche Aussage wie die Klinikärztin vom St. Vinzenz-Hospital, die Patientin an eine ASS-Klinik zu überweisen.

Was soll schließlich die *„ganz persönliche“* Entschuldigung bedeuten, also vom Menschen Christoph Leiden? Als Person konnte er weder die mutmaßliche fremde Schuld der Ärztinnen entschuldigen noch waren mögliche Fehler der Klinikleitung seine persönliche Schuld. Es scheint hier ein Akt von Fremd-Schämen vorzuliegen, wie das heute im Mediengeschäft gelegentlich vorkommt. Aber solche Betroffenheitsrituale helfen nicht bei der sachlichen Aufklärung. Der Medienforscher Mathias Kepplinger stellt in seinem Standardwerk zur medialen Skandalisierung fest: *„Schuldbekenntnisse werden im Skandal zwar heftig gefordert, jedoch meist nicht honoriert.“* [182)] Er untermauert sein Urteil mit empirischer Untersuchung zu skandalisierten Politikern: *„Den geringsten Erfolg hatten Politiker, die sich sofort oder später zu den*

Vorwürfen bekannten." Aus Kepplingers Begründung wird dieses Ergebnis einleuchtend: „*Wer seine Schuld bekennt, bestätigt die Sichtweise der Skandalisierer.*" Und schließlich die Gegenstrategie des Medienwissenschaftlers: „*... wer sich rechtfertigt, stellt sie* (die Sichtweise der Skandalisierer) *infrage. Je besser dies gelingt, desto besser sind die Chancen der Skandalisierten.*"[183)]

Der Pressesprecher des Erzbistums machte ähnliche Fehler wie sein Kollege von der Hospitalstiftung. Er gebrauchte larmoyante Äußerungen wie: „*Wir bedauern sehr...*" und: „*sehr bedauerlicher Einzelfall*", die auch zur Diktion des Klinikvorstandes gehörten. Seine Formulierung von katholischen „*Krankenhäusern, in denen eine solche Heilbehandlung abgelehnt*" worden sei, war eine unnötige Fremdbeschuldigung [184)].

Es fielen die Worte, dass die „*beiden Kliniken Spurensicherung verweigert*" (Krankenhaus-Geschäftsführer) beziehungsweise „*abgelehnt*" hätten (erzbischöflicher Pressesprecher) [185)]. Wiederum stellte man hier mit Kliniken statt Ärztinnen das falsche Subjekt des Handelns vor. Die beiden Verben waren deplatziert, da eine Spurensicherung im St. Vinzenz-Hospital wegen fehlender ASS-Kompetenz „*nicht möglich*" war. Die kirchlichen Stellen übernahmen die falschen Wertungen des Kölner Stadt-Anzeigers wie „*Hilfe verweigert*" und „*Heilbehandlung abgelehnt*". Auch das Wort von der „*Abweisung einer Patientin*" wurde in der offiziellen Mitteilung zur Pressekonferenz am 17. 1. von der KStA-Diktion übernommen.

Insgesamt waren die ersten Reaktionen von Kliniken und Erzbistum auf den Pressesturm mit sachlichen Richtigstellungen, emotionalen Betroffenheitsformeln, unklaren oder fehlerhaften Formulierungen, Übernahme von Skandalformeln der Presse sowie Selbstbeschuldigungen defensiv ausgerichtet. Damit lud man die Medien geradezu ein, noch mehr auf die vermeintlich Schuldigen einzuschlagen. Angesichts der dann überbordenden Skandalwelle der Medien verbreitete sich bei den Klinikverantwortlichen eine eher resignative Einstellung der

Machtlosigkeit. Diese Haltung mag durch ein Bischofswort von Kardinal Meisner beeinflusst worden sein, das er in jenen Tagen wieder hervorholte. Das Wort stammte noch aus seiner Weihbischofzeit in Erfurt und war ursprünglich auf den kirchenfeindlichen DDR-Staat gemünzt: Es gebe jeden Tag *„reichlich Gelegenheit zur Übung im Sich-Schlagenlassen und im Standhalten gegenüber den Maßstäben der herrschenden Meinungen"*. Im Ursprungswort war noch angehängt: *„ohne zurückzuschlagen"* [186]. Die Haltung ist aus der Bibel abgeleitet. Nach Lk 6,29 sollen sich die Jünger Jesu schlagen lassen, ohne Gegengewalt auszuüben. Gegenüber dem Unrechtsstaat der DDR war etwas anderes als diese urchristliche Haltung wahrscheinlich schwer möglich. Aber war das geduckte Ertragen von antikirchlicher Aggressivität der Presse auch in der westlichen freien Mediengesellschaft angemessen? Kardinal Meisner hatte sich bei der obigen Einlassung ausdrücklich auf die *„Unredlichkeit in der Berichterstattung der Medien"* bezogen, deren *„Häme und Aggressionen der Kirche gegenüber"* [187] er anklagte. Waren darauf defensive und larmoyante kirchliche Reaktionen die richtige Antwort? Verlangte der ethische Einsatz für Wahrheit und Wahrhaftigkeit (Pressekodex) nicht ein Widersprechen gegen die verbreiteten Unwahrheiten der Medien?

Die Folge von der Haltung des Sich-Schlagenlassens war: Die Presse konnte im Verlauf des sogenannten Kölner Klinikenskandals weitgehend widerspruchslos Unwahrheiten verbreiten, hämisch und hochmütig über Klinken und Kirche berichten, ohne dass die kirchlichen Stellen deren Verfälschungen offenlegten oder deutlichen Widerspruch anbrachten.

Vorsichtige Distanzierung von der Medien-Diktion

Am 21. 1. 2013 gab die Hospitalvereinigung die dritte Mitteilung an die Medien heraus. Die Überschrift war wiederum zaghaft: *„Kölner Klinikenverbund arbeitet Vorwürfe auf"* [188]. Gleichwohl beinhaltete die Presseerklärung eine Richtigstellung gegenüber den Medienbehauptungen: Es habe nur einen telefonischen Kontakt mit der Notfallambulanz gegeben, die Frau selbst sei nie im Krankenhaus oder bei einem Klinikarzt vorstellig geworden. Die Mitteilung war nicht nur eine Medien-, sondern auch eine Selbstkorrektur. Denn die kritisierte Vorstellung hatten die Vertreter der Kliniken mit ihren Formulierungen noch bei der Pressekonferenz am 17. 1. selbst vorgetragen.

Bei der vierten Pressemitteilung am 2. 2. wiederholte die Hospitalvereinigung die genannten Positionen [189]. Zusätzlich wurde eine bemerkenswerte Formulierung eingefügt. Man bedauerte den verbreiteten *„Eindruck von vielen Presseberichten, wir hätten eine mutmaßlich vergewaltigte Frau persönlich abgewiesen oder ihr medizinische Soforthilfe verwehrt"* [190]. Damit wurden die von den Medien lancierten Wendungen wie *„Abweisen einer Vergewaltigten"* und *„Verwehren von medizinischer Behandlung"* ausdrücklich zurückgewiesen. Auch in diesem Falle hatten die kirchlichen Pressestellen jene Wendungen nur zwei Wochen vorher noch selbst wiederholt.

Die fünfte Mitteilung an die Öffentlichkeit vom 9. Februar war vom Vorsitzenden des Stiftungsvorstandes, Hans Mauel, unterzeichnet. Die Erklärung wurde gleichlautend im Vorwort der Stiftungszeitschrift der Cellitinnen-Hospitalvereinigung Heft 1/2013 abgedruckt. Dabei sprach man erstmals von einer *„Medienkampagne der letzten Wochen"* sowie von Falschbehauptungen: *„Durch eine Flut von Medienberichten wird seit Mitte Januar fälschlicherweise berichtet ..."* [191] Dann folgen die oben erwähnten Richtigstellungen der vierten Pressemitteilung.

In der Entwicklung der Pressemitteilungen von Seiten der Hospitalstiftung ist insgesamt eine Tendenz zur vorsichtigen Distanzierung von der Mediendiktion festzustellen. Darüber hinaus wurden der Presse Fehler und Falschbehauptungen und sogar Kampagnenjournalismus vorgeworfen. Es ist jedenfalls die Tendenz zu einer deutlich offensiveren Medienstrategie als in der ersten Woche zu erkennen.

Es bleibt aber zu fragen, warum die Pressestelle der Hospitalstiftung nicht die für die Kliniken positiven Meldungen publizierte – etwa die hochoffizielle Entlastungserklärung des NRW-Gesundheitsministeriums vom 23. 1. Nach der ministeriellen Aussage war dem Krankenhausträger keine Pflichtwidrigkeit und fehlende Verantwortung vorzuwerfen. Gerade weil das Gros der Medien diese offizielle Entlastungsmeldung boykottierte, hätte die Pressestelle sie verbreiten müssen. Das wäre eine Gelegenheit gewesen, der Presse den Spiegel ihrer fehlerhaften Skandal-Berichterstattung vorzuhalten. Schließlich hätte diese Erklärung Bestandteil der weiteren Pressemitteilungen sein sollen. Die gleiche Einschätzung gilt für den ebenfalls entlastenden WDR-Bericht vom 22. 1. Der ärztliche Direktor Prof. Dr. Dietmar Pennig hatte in der Lokalzeit-Sendung den Skandalformeln des Kölner Stadt-Anzeigers von Abweisung oder gar Hilfeverweigerung den Boden entzogen [192].

Fatales Entschuldigungswort vom Kölner Kardinal

Am 22. Januar, als abends der WDR-Film die Kliniken entlastete, brachte der Kölner Kardinal Joachim Meisner einen eigenen Entschuldigungstext heraus. Die darin enthaltene Bestätigung der Pressevorwürfe war vermutlich der schwerwiegendste Fehler kirchlicher Reaktionen auf den Skandalisierungsprozess der Medien. Der publizierte Text [193] bestand aus zwei Teilen: Die ersten drei Passagen enthielt die bedauernd-beschämte Entschuldigungsansprache zur *„Behandlung von Vergewaltigungsopfern* (Plural!) *in katholischen Kliniken"*, wie es im Einleitungssatz hieß. Im zweiten Teil verteidigte der Kardinal die kirchliche *„Position des absoluten Lebensschutzes"* gegen alle Relativierungen. Diese Aussagen waren gegen die inzwischen lautstarken Forderungen gerichtet, die ‚Pille danach' als ethisch unbedenklich hinzustellen. Möglicherweise war der letztere Textteil das Hauptmotiv für die Gesamtpublikation. Die Bekräftigung von Meisners bekannter Position wurde aber von der Presse kaum beachtet. Das Medieninteresse galt dem Textteil zur Entschuldigung.

Kardinal Meisner berücksichtigte nicht die Korrekturen, die in der Pressemitteilung der Hospitalstiftung vom Vortag aufgeführt waren.

Der Erzbischof stützte sich allein auf die skandalisierenden Pressemeldungen. Die in diesem Fall gezeigte Leichtgläubigkeit gegenüber der Medienberichterstattung über kirchliche Dinge ist fast tragisch zu nennen. Denn der konservative Kölner Oberhirte hatte wie kaum ein anderer Kirchenmann am eigenen Leib erfahren, dass die Medien gelegentlich in *„sprungbereiter Feindseligkeit"* (Papst Benedikt XVI.) unwahre Meldungen in Kirchensachen verbreiten. Das hatte er selbst auch des Öfteren gesagt. Warum zeigte er in diesem Fall keinerlei Skepsis gegenüber den Pressemeldungen?

Es war wohl eine andere Erfahrung Meisners, die ihn zu diesem Ereignis in die Medienfalle führte: Bei den Presseberichten 2010 über Kindesmissbrauch in der Kirche war er persönlich sehr betroffen darüber, dass einzelne Geistliche Amt und Auftrag missbraucht und damit die Kirche desavouiert hätten. Auch im vorliegenden Fall scheint Meisners Betroffenheit *über die Berichte* seine Reaktionen bestimmt zu haben: Eine *„junge Frau, die Hilfe suchte in großer Not und keine Aufnahme fand (...) das hätte nie geschehen dürfen"*. Aber das von den Medien beschriebene Szenario entsprach – im Unterschied zu den Medienberichten 2010 – eben nicht der Wirklichkeit.

Die Medien hatten aus der telefonischen Fachberatung von zwei Ärztinnen über die Zuweisung einer Patientin eine Skandalgeschichte von der Abweisung einer Vergewaltigten *vor* dem Hospitaleingang gemacht. Der Kardinal ging noch einen Phantasieschritt weiter, indem er die vermeintliche Abweisung *in* die beiden Kliniken verlegte – so als wäre die Patientin nach ihrer Aufnahmebitte im St. Vinzenz-Hospital auch im Heilig-Geist-Krankenhaus persönlich abgewiesen worden. Mit der Wendung von der Hilfesuche in großer Not redete Meisner den Medienverdrehungen nach. Der Kölner Stadt-Anzeiger hatte schon in seinem ersten Artikel mit der Titelzeile *„Hilfe nach Vergewaltigung"* die falsche Vorstellung lanciert, als wenn die Kliniken die Erstversorgung der mutmaßlich Vergewaltigten abgelehnt hätten. Tatsächlich war die Frau notfallversorgt und brauchte keine Erste Hilfe mehr, sondern eine forensische Untersuchung. Dann fragte der Kardinal, was dazu geführt hätte, *„diese Frau nicht aufzunehmen"*. Das müsste *„genau erforscht werden"*. Ein Anruf beim ärztlichen Direktor des St. Vinzenz-Hospitals hätte genügt, um diese Frage zu beantworten: Es war die fehlende ASS-Kompetenz der Klinik

Meisner fühlte sich durch die angebliche Hilfeverweigerung *„beschämt"* und schloss sich *„persönlich"* der Entschuldigung des Klinikensprechers für die Phantom-Abweisung an. Zu diesen Betroffenheitsritualen des Fremdschämens und Entschuldigens von vermuteter Fremdschuld ist oben genügend gesagt worden. Danach führte Meisner aus: Es habe von Seiten der Kirche bzw. des Erzbistums keine Anweisungen zur Abweisung von Vergewaltigten gegeben. Damit wies der Kardinal Spekulationen des Kölner Stadt-Anzeigers zurück, die angebliche Abweisung wäre von ganz oben angeordnet worden. Zugleich hatte die berechtigte Zurückweisung der Anschuldigung eine weitere Komponente: Indem Meisner das Erzbistum von der Schuld für die vermeintliche Abweisung freisprach, blieb die Verantwortung für den Vorfall bei den Kliniken hängen.

Der Kardinal bzw. die erzbischöfliche Pressestelle waren den Krankenhäusern der Cellitinnen in den Rücken gefallen:

» Entgegen der Richtigstellung der Hospitalstiftung vom Vortag, dass es keine persönliche Abweisung der Vergewaltigten gegeben habe, unterstellte der Kardinal genau das.

» Im Gegensatz zu den Hinweisen der Klinikleitung, dass die Ärztinnen bei ihrem behaupteten Fehlverhalten gegen die Klinikrichtlinien gehandelt hätten, schob Meisner die Schuld an diesem Vorfall indirekt den beiden Krankenhäusern zu.

» Die Schuldigsprechung der Kliniken der Hospitalstiftung setzte die erzbischöfliche Pressestelle mit einer *„Information"* vom 31. 1. 2013 fort. Dort schrieb man von dem *„Vorgang, dass eine hilfesuchende vergewaltigte Frau von zwei katholischen Kliniken*

abgewiesen wurde. (...) Die den Berichten zufolge ... erteilte Aus-
kunft der beiden Kliniken zur Notfallversorgung und Anonymen
Spurensicherung (ASS) nach einer Vergewaltigung ist schlicht
falsch."[194] Eine Woche nach der Entlastungsmeldung durch das
NRW-Gesundheitsministerium, als die Skandal-Wellen deutlich
abgeebbt waren, wurden in diesen beiden Sätzen alle fälschlichen
Presseaussagen wieder aufgewärmt und gewissermaßen als blei-
bendes Narrativ verfestigt.

Dem Presseamt des Erzbistums Köln können in dieser Sache drei Män-
gelanzeigen nicht erspart werden:

» Es übernahm in unprofessioneller Naivität ohne Vorbehalt und
Prüfung die fehlerhaften Skandalberichte der Medien und blieb
bei dieser Haltung.

» Die kirchlichen Presseleute blendeten die Entlastungsmeldungen
für die Kliniken aus – etwa das WDR-Interview mit dem ärztlichen Direktor oder die Pressemitteilung des NRW-Gesundheitsministeriums.

» Sie pflegten in den zwei Wochen der heißen Skandalkampagne mit
dem Pressesprecher der Hospitalvereinigung keine Kooperation
und Abstimmung. Daher ignorierte man auch die Presseerklärungen und Richtigstellungen der Cellitinnen-Kliniken.

Später bauschte Kardinal Meisner das angebliche Versagen der Kliniken
sogar noch auf. Er steigerte den Einzelfall einer angeblichen Abweisung
zu einer unheilvollen Entwicklung in der Kirche. Das tat er in seiner
Predigt bei der Frühjahrsvollversammlung der Deutschen Bischofskonferenz in Trier am 21. Februar. Dabei setzte er die *„Abweisung einer*
vergewaltigten Frau in zwei unserer katholischen Krankenhäuser"
mit den *„sexuellen Missbräuchen"* gleich [195]. *„Aus unserem eigenen*
Versagen als Kirche" käme *„der große Vertrauensverlust, der über uns*
hereingebrochen ist". „Das Unheil" wäre *„vom Innern der Kirche nach*

außen" gegangen. Dann hätten Medien und Politik *„unser Versagen als katholische Kirche"* lediglich noch *„dramatisiert und multipliziert"*.

Mit den Wendungen ‚unser Versagen als Kirche', ‚Unheil im Inneren der Kirche' sowie der Gleichstellung einer angeblichen Abweisung einer Vergewaltigten mit den sexuellen Missbräuchen betrieb Meisner eine Art Selbstskandalisierung der Kirche.

In der Presseerklärung der Bischofsvollversammlung von Trier am 21. 2. 2013 wurde wieder alle Schuld an der misslichen Lage der Kirche auf die Kliniken abgeschoben. Im Text schrieb man von der *„Abweisung eines Vergewaltigungsopfers durch zwei Kölner Krankenhäuser in Ordensträgerschaft"*[196]. Damit verfestigte sich im kirchlichen Kontext die Skandalformel vom Versagen der Kliniken: Der damalige Vorsitzende der Deutschen Bischofskonferenz, Erzbischof Robert Zollitsch, *„sprach von Betroffenheit bei den deutschen Bischöfen angesichts des Vorfalls an zwei katholischen Kliniken in Köln"*[197]. Dort hätten *„Ärzte die Betreuung eines Vergewaltigungsopfers unter Hinweis auf mögliche Beratungsgespräche zur ‚Pille danach' abgelehnt"*.

Bei diesen Vorlagen braucht man sich nicht mehr zu wundern, dass auch der damalige Kölner Dompropst Dr. Norbert Feldhoff noch ein Jahr später bei seiner Vorstellung vom *„Domblatt 2013"*, dem Jahrbuch des Zentral-Dombau-Vereins, den Skandalisierungsbegriff Abweisung gebrauchte[198]. Diese Wendung benutzte er auch bei seiner Rückblickrede zum Silvesterempfang 2014 in Anwesenheit von Kardinal Meisner. Er war sich dabei *„sicher, nichts Falsches gesagt zu haben"*[199]. Die Kliniken hätten sich fehlerhaft verhalten. Dabei bezog er sich ausdrücklich auf die Berichterstattung des Kölner Stadt-Anzeigers, die er als *„korrekt"* charakterisierte[200].

Der Pressesprecher des Kölner Erzbistums, Christoph Heckeley, schrieb dem Autor auf seine Anfrage, wie er die damalige Medienarbeit des Erzbistums einschätze: *„Die Kommunikation in den verschiedenen Bereichen und auch gegenüber der Öffentlichkeit wurde als suboptimal identifiziert."*[201] Bei dieser lapidaren Feststellung blieb es. Eine Aufarbeitung des Kommunikationsverhaltens von Seiten des Erzbistums ersparte man sich.

II. Zwei Medienpreise für die Skandal-Geschichten

13. Kein Sinneswandel des Kölner Kardinals zur ‚Pille danach'

Am 31. Januar 2013 ließ der Kölner Kardinal Joachim Meisner eine wichtige *„Erklärung"* publizieren, ergänzt durch eine *„Erläuterung der erzbischöflichen Pressestelle"*. Seine Stellungnahme enthielt eine neue Einschätzung zur ‚Pille danach'. Die Medien charakterisierten den Inhalt der Pressemitteilung als *„Kehrtwende"*[202].

Der Kölner Stadt-Anzeiger schrieb sich den *„spektakulären Kurswechsel"*[203] des Kölner Kardinals auf seine (Druck-) Fahnen gut: *„Hartnäckige Recherche und Berichterstattung"* von Peter Berger und Joachim Frank hätten den *„Sinneswandel"* von Kardinal Meisner *„in nicht einmal sechs Wochen mitveranlasst"*[204]. Ein Jahr später hieß es in der Begründung für den Wächterpreis der Tagespresse, mit dem die beiden KStA-Redakteure ausgezeichnet wurden: *„Unter dem Eindruck der Wirkung dieser Veröffentlichungen änderte die Kirche ihre Haltung."*[205]

Die These vom entscheidenden Einfluss des KStA auf die Erklärung Meisners ist kritisch zu untersuchen. Im Einzelnen soll geprüft werden, ob oder in welcher Hinsicht die Kölner Zeitung zur Erklärung des Kardinals beigetragen haben sollte.

Des Weiteren ist die Zeitungsbehauptung vom Kurswechsel zu erörtern. Der Augenschein spricht zwar für die These vom Sinneswandel durch medialen Druck. Insbesondere die maßlos-polemischen Angriffe von Joachim Frank, wie sie im 8. Kapitel vorgestellt sind, könnten Wirkung gezeigt haben: Die Kirche als lebensfremde Prinzipienreiterin attackiert, der Kardinal als rigoroser und menschenfeindlicher Oberer hingestellt, der mit einer gehörigen Portion Abgebrühtheit die Not der Frauen übergehe. Das waren *Schlagworte*, die das kirchliche Selbstverständnis treffen sollten. Nach dieser medialen Attacke kurz vor Ende seiner Amtszeit könnte Meisner in seiner kirchlichen Grundsatztreue eingeknickt sein.

Aber so war es nicht! Am Tag nach den polemischen Zeitungsattacken von Joachim Frank gegen Kirche und Kardinal veröffentlichte Meisner seine Entschuldigungserklärung. Im zweiten Teil des Textes bekräftigte der Kardinal die klare Position der Kirche, die er immer schon vertreten hatte: für den *„absoluten Lebensschutz – uneingeschränkt und von der Zeugung an"* [206]. In diesen Worten war nichts von Einlenken oder gar Sinneswandel gegenüber der medialen Kritik an der angeblich überholten kirchlichen Ethik zu spüren – im Gegenteil: Meisner wandte sich gegen jede Relativierung des Lebensschutzes. Er begründete diese *„unüberschreitbare Grenze jeden menschlichen Eingriffs"* [207] naturrechtlich mit der Menschenwürde, theologisch mit der Gottesebenbildlichkeit des Menschen und politisch als Basis unserer Freiheitsgesellschaft. Selbstverständlich gab er diese kirchlichen Grundsätze zehn Tage später bei seiner *„Erklärung"* nicht auf. Es ist auch an Meisners Lebensgrundsatz zu erinnern: Ertragen von Schlägen durch die Medien im Standhalten gegenüber den Maßstäben der herrschenden Meinungen [208]. Einer der vielen Schläge waren sicherlich die medialen *Zuschläge* von Joachim Frank. Darauf war der Kardinal offensichtlich eingestellt. Die brachten ihn nicht um seine katholische Grundsatztreue.

Ein weiteres Argument, dass Kardinal Meisner sich von den Angriffen der Medien nicht von seinem Kurs abbringen ließ, lieferte der Kölner Stadt-Anzeiger indirekt selbst. In der Meldung von der Preisauszeichnung der beiden KStA-Redakteure Frank und Berger wies die Zeitung darauf hin, dass der Kardinal oftmals dem Druck der Öffentlichkeit und erst recht der Medien widerstanden habe. Dieser Widerstand gegen den Mainstream der Medien habe geradezu als *„Beweis für die Gradlinigkeit und Grundsatztreue"* des Oberhirten zu kirchlichen Positionen zu gelten [209]. Warum sollte er bei dieser Medienkampagne davon abgewichen sein?

Der Einfluss von „Fachleuten" auf Kardinal Meisner

Auch die folgende Untersuchung zu den Beratern und Beratungen Meisners spricht gegen den Einfluss der Medien auf die inhaltliche Gestaltung der Erklärung. Der Kardinal schrieb in seiner *„Erklärung"* vom 31. 1. 2013, er habe sich *„aus gegebenem Anlass mit Fachleuten"* über die Frage der Verordnung der ‚Pille danach' beraten. Einige Tage vor dem 31. Januar meldete der Westdeutsche Rundfunk, dass sich im Katholischen Krankenhausverband Deutschlands ein Wandel anbahne. Der Geschäftsführer des Verbandes, Thomas Vortkamp, forderte in einem WDR-Interview vom 27. 1. einen größeren Entscheidungsspielraum für Ärzte bei Vergewaltigungsfällen ein. *„Da kann es aus medizinischen Gründen, und diese Meinung wird auch von einigen Medizinethikern vertreten, durchaus geboten sein, die ‚Pille danach' als Verhütung zu geben."* [210] Vortkamp kündigte an, Gespräche mit der Deutschen Bischofskonferenz aufzunehmen. Schon am 24. 1. hatte das Portal ‚katholisch.de' den Moraltheologen Eberhard Schockenhoff und den Medizinethiker Stephan Sahm zitiert. *„Beide Experten wiesen darauf hin, dass unter dem Begriff (‚Pille danach') Präparate mit zwei unterschiedlichen Wirkungen zusammengefasst würden: Pillen, die eine Empfängnis verhindern, und Pillen, die abtreibend wirken."* [211] Aus diesen Wortmeldungen kann man erschließen, dass es damals unter den katholischen Ärzten, Klinikdirektoren, Medizinethikern und Theologen schon seit einiger Zeit eine rege Diskussion um Verbot oder Verschreibung der ‚Pille danach' gab.

Seit 2010 hatte der *„Trägerübergreifende Ethikrat im Bistum Trier"* in mehreren Arbeitssitzungen zum Komplex: *„Anwendung der Pille danach"* beraten. Just am 16. 1. 2013, als die Erstpublikation des KStA die Skandalwelle gegen Kliniken und Kirche ins Rollen brachte, führte der Ethikrat eine Diskussionsveranstaltung mit Ärzten und Ethikern zu diesem Thema durch. Deren Ergebnisse, *„insbesondere in Bezugnahme auf die Wirkweise der verschiedenen Präparate zur postkoitalen Antikonzeption"* flossen in ein abschließendes Konferenzdokument ein [213].

Der entscheidende Satz findet sich auf Seite 21 der Schrift: „*Insofern sich unter den verschiedenen Präparaten, die unter dem Sammelnamen ‚Pille danach' zusammengefasst werden, Substanzen befinden, deren Wirkprinzip nach derzeit vorliegenden medizinischen und naturwissenschaftlichen Daten anti-ovulatorisch (gegen den Eisprung) ausgerichtet ist, kann eine postkoitale Antikonzeption – vorbehaltlich möglicher neuer Erkenntnisse über die Wirkmechanismen – nach Auffassung des Trierer Ethikrats im Prinzip gerechtfertigt werden.*"213)

Zentrale Begriffe und inhaltliche Aussagen dieser Passage – hier hervorgehoben – finden sich in der „*Erklärung*" Meisners vom 31. 1. wieder: Bei der erwähnten Beratung mit Fachleuten sei deutlich geworden, „*dass unter der sogenannten ‚Pille danach' unterschiedliche Präparate mit unterschiedlichen Wirkprinzipien zu verstehen sind, deren Wirkungen und Nebenwirkungen sich in der wissenschaftlichen Diskussion immer weiter klären (...).*"214)

An der Diskussion des Trierer Ethikrates waren u. a. beteiligt: Prof. Dr. Eberhard Schockenhoff, Moraltheologe aus Freiburg, und Privatdozent Dr. Stephan Sahm, Medizinethiker und Chefarzt am Ketteler-Krankenhaus Offenbach. Die beiden waren schon eine Woche vor Meisners Erklärung auf der Seite ‚katholisch.de' zitiert worden. Dr. Sahm wiederholte seine Aussagen im ‚Christ & Welt'-Interview der Ausgabe 5/2013: „*Man muss die Wirkweisen verschiedener Präparate unterscheiden. Es gibt Stoffe wie Levonorgestrel, das nicht abtreibend wirkt, sondern die Empfängnis verhindert.*"215)

Die sprachlichen Übereinstimmungen sind ein starkes Argument dafür, dass die beiden „*Experten*" des Trierer Ethikrats, Dr. Sahm und Prof. Schockendorff, zu den „*Fachleuten*" gehörten, auf die sich Kardinal Meisner in seiner Stellungnahme berief. Da das Dokument des Ethikrats erst Mitte März 2013 veröffentlicht wurde, kann eine direkte Weitergabe der oben erwähnten Formulierungen eigentlich nur mündlich von ihnen gekommen sein. Es ist aber auch möglich, dass diese oder ähnliche Formeln in den Kreisen der Moraltheologen und Medizinethiker schon einige Zeit vorher kursierten, wie oben angedeutet. Dafür dürften die Publikationen des Internationalen Verbandes für Abtreibung und Kontrakonzeption (FIAPAC) die entscheidende Quelle gewesen sein. Dessen Thesen schlossen sich 2012 die Vorsitzenden der beiden deutschen gynäkologischen Verbände an, Dr. Christian Albring und Prof. Dr. Thomas Rabe, und verbreiteten sie. Auf diese Fachleute bezogen sich mehrfach kirchliche Medien im Umfeld von Kardinal Meisner. Als weiterer beratender Fachmann wurde der Name Manfred Lütz ins Spiel gebracht. Der Psychiater, Theologe und Krankenhausdirektor aus Bonn ist sowohl medizinisch qualifiziert als auch eng vernetzt zu kirchlichen Leitungspersonen in Köln. Seit 15 Jahren arbeitet er als Berater in Seelsorgegremien des Erzbistums Köln. Lütz ließ durchblicken, dass er einen direkten Draht zu Kardinal Meisner hatte.

Es spricht vieles dafür, dass sich in den Kreisen von katholischen Moraltheologen, Medizinethikern und Ärztevertretern, mit denen sich Kardinal Meisner beriet, schon vor den KStA-Publikationen eine neue Einschätzung zur ‚Pille danach' breit gemacht hatte. Von diesem Sachthema ist die Frage zu unterscheiden, ob der Kardinal moraltheologisch eine Kehrtwende vollzogen hatte, wie der Kölner Stadt-Anzeiger behauptete.

Klare Lehraussagen, aber problematischer Kontext

Die inhaltliche Prüfung der *„Erklärung"* Meisners zeigt die Kontinuität mit der Moraltheologie der Kirche. Der Kardinal bekräftigt in seinem Text die kirchliche Lehre, nach der die Vergabe eines Präparates mit abtreibender Wirkung (Nidationshemmung) *„nach wie vor nicht vertretbar ist"*. Er nennt die Abtreibung der befruchteten Eizelle *„Beendigung eines Menschenlebens und Tötung"*[216]. Insofern ist Meisner keinen Millimeter von seiner Position des absoluten Lebensschutzes abgewichen. Erlaubt dagegen sei ein Präparat, dessen Wirkweise ausschließlich durch Ovulationshemmung Zeugung und Befruchtung verhindern würde. Diese Erlaubnis für eine Nachverhütung gelte aber nur bei Vergewaltigungen, um eine „*verbrecherische Befruchtung*" zu verhindern[217]. In diesen Zentralaussagen der Erklärung ist keine Lehr-Revision bezüglich des Lebensschutzes zu erkennen. Die Ausführungen enthalten auch kein Eingeständnis eines Irrtums oder gar eine Kehrtwende.

Die weitere Analyse der „*Erklärung*" sowie der „*Erläuterung der erzbischöflichen Pressestelle*" fördert eine Reihe von Widersprüchen und Ungenauigkeit zu Tage. Die werden deshalb genauer untersucht, weil sich darin indirekt Auswirkungen der medialen Skandalkampagne ausmachen lassen. Das soll am Schluss der folgenden Erörterung aufgezeigt werden.

Die klaren Lehraussagen des Kardinals waren in einen problematischen Kontext eingebettet. Denn die beiden ethischen Urteile: erlaubt – verboten setzten die Existenz unterschiedlicher Präparate beziehungsweise Wirkstoffe voraus. Da lag das erste Problem. Wenn der wissenschaftliche Nachweis über die verschiedenen Wirkstoffe klar gewesen wäre, wieso musste der Kardinal dann die These anfügen, die Wirkungen und Nebenwirkungen der Präparate würden „*sich in der wissenschaftlichen Diskussion immer weiter klären*" lassen?[218]

Der Wissenschaftsoptimismus von fortschreitender Klärung wird in der beigefügten Erläuterung der erzbischöflichen Pressestelle genauso zurückgenommen wie auch die Behauptung der jeweils eindeutigen Zuordnungen von Ovulations- und Nidationshemmung. Die Kirche müsse zwar die neuesten wissenschaftlichen Erkenntnisse berücksichtigen, aber die seien „*nicht selten kontrovers*"[219]. Das hatte auch der Trierer Ethikrat zu den beiden marktgängigen Präparaten der ‚Pille danach' festgestellt. Demnach konnten und können „*die Fachleute*" eben doch keine wissenschaftlich eindeutigen Aussagen zur nidationsausschließenden Wirkweise eines der Präparate geben. Diese Uneindeutigkeit der medizinischen Forschung kommt auch in dem zweimaligen Gebrauch des Wortes „*offenbar*" zum Ausdruck. Ein weiterer Satz der Erläuterung nimmt alle eindeutigen Zuordnungen von Präparaten zurück, wie sie in der Erklärung von Meisner getroffen werden. Das geschieht sogar in einer doppelten Aussage: Ein Arzt müsse *„abwägen, inwieweit bei einem Präparat eine nidationshemmende Wirkung besteht. Andererseits haben bekanntlich sehr viele Präparate und Verhaltensweisen Nebenwirkungen, die das beginnende menschliche Leben schädigen oder im Extremfall sogar töten können."* [220)] Die Erläuterung widerspricht also in einem zentralen Punkt Meisners Erklärung bezüglich der klaren Unterscheidung abtreibender oder nicht-abtreibender Präparate.

Auch verschiedene Ärzte und wissenschaftskritische Untersuchungen widersprachen der These des Kardinals von dem einen *guten* und dem anderen *schlechten* Präparat. In der Sendung ‚Günther Jauch' vom 3. 2. 2013 stellte der Gynäkologe Bernhard von Tongelen fest, dass es ein Präparat mit ausschließlich ovulationshemmender Wirkung gar nicht gebe. Nach wie vor müsse von einer nidationshemmenden (also abtreibenden) Wirkung aller marktgängigen ‚Pillen danach' ausgegangen werden. Der Kardinal hätte sich demnach über eine *„Phantompille"* geäußert, resümierte der FAZ-Journalist Christian Geyer [221)].

Drei Tage nach der Jauch-Sendung hatte Kardinal Meisner sogar von einer *„Vielzahl von neuen Medikamenten"* gesprochen, *„die keine abtreibende Wirkung haben, sondern ausschließlich eine Verhinderung der Befruchtung verursachen"*. Das schrieb Meisner am 5. Februar *„an die Priester, Diakone und Laien im pastoralen Dienst"* des Erzbistums Köln [222)].

In Deutschland sind seit dem Jahr 2000 verschiedennamige Präparate im Handel, die aber alle den Wirkstoff Levonorgestrel (LNG) enthalten. Die ‚Pille danach' mit diesem Wirkstoff soll nach ungeschütztem Verkehr für drei Tage mit abnehmender Sicherheit eine Schwangerschaft verhindern. Im Jahre 2009 kam eine neue ‚Pille danach' mit dem Namen ellaOne® auf den deutschen Markt. Die enthielt den Wirkstoff Ulipristal-Acetat (UPA). Das amerikanische Produkt ist zweimal so teuer, soll aber auch bis fünf Tage ‚danach' Sicherheit bieten.

Leider hat Kardinal Meisner nicht verraten, welcher der beiden Wirkstoffe ausschließlich ovulationshemmende und damit ethisch unbedenkliche Wirkung hätte. Auch die Quellen für die *„neueren wissenschaftlichen Erkenntnisse"* lässt er im Dunkeln. In der Stellungnahme des Trierer Ethikrates werden jedenfalls keine eindeutigen Aussagen zu der Streitfrage gemacht. Zum Wirkstoff Levonorgestrel stellen die Autoren fest: *„Inwieweit die antikonzeptionelle Wirkung ausschließlich auf einer Ovulationshemmung beruht, wird diskutiert."* [223] Zu Ulipristalacetat zitieren sie eine Studie aus der renommierten britischen Medizinzeitschrift ‚The Lancet' mit dem Ergebnis: Wissenschaftler sehen bei UPA *„Parallelen zu (dem Abtreibungsmittel) Mifepristone und schließen eine nidationshemmende Wirkung nicht aus"* [224]. Allerdings behaupteten zwei Mitglieder des Ethikrates an anderer Stelle ohne Quellenangabe, dass der Wirkstoff Levonorgestrel ausschließlich ovulationshemmend sei [225].

Wie schon oben anhand sprachlicher Übereinstimmungen aufgewiesen, spricht einiges dafür, dass mindestens ein Mitglied des genannten Ethikrates zu den Fachleuten gehörte, die Meisner beraten hatten. Wenn diese Annahme zutrifft, hätte die Person entweder die Kontroversität der neueren wissenschaftlichen Erkenntnisse unterschlagen oder der Kölner Kardinal hätte undeutlich formulierte Ergebnisse gründlich missverstanden. Im letzteren Fall wäre es die Pflicht des Mediziners gewesen, gegen die Behauptung der eindeutig zuzuordnenden Wirkstoffe in der publizierten Erklärung zu protestieren. So oder so hätte der Ethikfachmann eine nicht-seriöse Rolle gespielt.

Fachkritische Einwände gegen die Kölner Erklärung

Von mehreren Ärzte-Kollegien wurden Bedenken und Gegenthesen zu den fachwissenschaftlich zitierten Aussagen Meisners vorgebracht. Zu nennen ist das ‚Institut für medizinische Anthropologie und Bioethik' (IMABE) unter dem Patronat der österreichischen Bischofskonferenz, beraten von 15 Universitätsprofessoren. Es protestierten die Vereinigung Ärzte für das Leben e. V. (überkonfessionell) und die Ärztevereinigung St. Lukas. Die Vereinigung katholischer Ärzte der Schweiz und die Europäische Ärzteaktion in den deutschsprachigen Ländern schrieben im Februar 2013 einen aufklärenden *„Brief an die Deutsche Bischofskonferenz zur Pille danach"*. Auch der Vorsitzende des Weltverbandes Katholischer Ärztevereinigungen und Mitglied im Päpstlichen Rat für die Pastoral im Krankendienst, Simón Castellvi, monierte, dass Kardinal Meisner bezüglich der ‚Pille danach' mit ungenauen Informationen versorgt worden sei [227].

Alle diese Fachleute für Medizin und Ethik stellten die medizinischen Behauptungen infrage, die Kardinal Meisner auf fachlichen Rat hin präsentiert hatte. Im Folgenden wird eine Auswahl fachkritischer Einwände gegenüber Meisners These vorgetragen:

» In zahlreichen, auch neueren Gynäkologie-Lehrbüchern wird der Wirkstoff LNG als ovulations- und nidationshemmend eingestuft, besonders klar in einem Dokument der ‚Österreichischen Gesellschaft für Familienplanung' aus dem Jahre 2002: *„Levonorgestrel wirkt je nach Zyklustag unterschiedlich. In den Tagen vor dem Eisprung verhindert es diesen – und damit* (ovulatioshemmend) *eine Befruchtung. Danach* (nach dem Eisprung) *verhindert es die Einnistung der befruchteten Eizelle in die Gebärmutterschleimhaut durch deren Inaktivierung und/oder Verlangsamung des Ei-Transportes durch den Eileiter."* [228]

» Diese Einschätzung war Ergebnis der wissenschaftlichen Prüfstudien in den zehn Jahren vor Einführung der LNG-Präparate. Mit gleichem Ergebnis äußerte sich auch Prof. Peter Mallmann, Direktor der Universitätsfrauenklinik Köln, Anfang des Jahres 2013 [229]. Bis heute (3/2019) wird auf der Seite ‚wikipedia' die Doppelwirkung von Levonorgestrels als Stand der wissenschaftlichen Diskussion herausgestellt [230]. Wenn neuere Forschungen die ausschließliche Ovulationshemmung des LNG-Wirkstoffes belegen wollen, so sind mit dieser Gegenthese die älteren Studien nicht widerlegt, sondern es ist eine wissenschaftliche Kontroverse eröffnet.

» In einer Studie von 2007 heißt es verräterisch: *„Da die ‚Pille danach' mit dem gestagenhaltigen Wirkstoff LNG als nidationshemmende Maßnahme wirksam wird, gilt sie nicht als Abortivum"*[231]. Wie kann man ein Präparat als nicht-abtreibend behaupten, dessen Wirkweise der Abgang einer befruchteten Eizelle durch Nidationshemmung ist? Die einfache Erklärung: Auf Betreiben der internationalen Abtreibungsorganisation ‚Planned Parenthood' wird seit ca. fünfzig Jahren juristisch ein Schwangerschaftsabbruch, der mit Abtreibung gleichgesetzt wird, erst ab dem Zeitpunkt der Nidation definiert. Eine physische Frühabtreibung vor der Einnistung der befruchteten Eizelle gilt nach der gesetzlichen Sprachregelung nicht als Abtreibung, obwohl sie faktisch eine ist. Mit der Überblendung des Faktisch-Physischen durch eine willkürliche juristische Umdefinition verwirrt seit Jahren die Pharmalobby die Öffentlichkeit. So hatte der internationale Verband für Abtreibung und Kontrakonzeption (FIAPAC) schon 2008 verkündet: Der Wirkstoff LNG und sogar die *Abtreibungspille* Mifepriston *„do not cause abortion"*[232].

» Der andere Wirkstoff Ulipristalacetat (UPA) in der neueren ‚Pille danach' ellaOne® ist chemisch gesehen ein Nachfolgepräparat von Mifepriston, auch unter dem Namen ‚RU 486' bekannt. Diese Abtreibungspille ist übrigens in China und Russland als ‚Pille danach' zugelassen und eingesetzt. Die chemische Herkunft des neuen Produktes sowie die gleiche Strukturformel der Wirkstoffe beider Präparate müssten skeptisch machen in Hinsicht auf Abtreibungswirkung.

» Noch vor der Zulassung von ellaOne® (2009) und zuletzt am 1. Februar 2012 versicherte der ‚Bundesverband der Frauenärzte' und die ‚Deutsche Gesellschaft für Gynäkologie und Geburtshilfe' auf der Website ‚Frauenärzte im Netz': *„Die neue ‚Pille danach'* *verhindert oder verschiebt den Eisprung so, dass keine Befruchtung stattfinden kann. Ist es bereits zu einer Befruchtung gekommen, verhindert sie die Einnistung in die Gebärmutter.*"[233] Damit waren – je nach Einnahme- bzw. Zyklus-Zeitpunkt – sowohl die befruchtungsverhindernde wie auch die abtreibende Wirkung des neuen Präparats festgestellt – wie das in gleicher Weise für den Wirkstoff LNG gilt[234].

» Für die Doppelwirkung von UPA spricht auch die Wirkungsdauer von fünf Tagen nach einem ungeschützten Geschlechtsverkehr. Nur durch Veränderungen sowohl des chemischen Milieus des Eileiters wie auch der Gebärmutterschleimhaut, die eine Nidationshemmung nach sich ziehen, könne diese lange Wirkzeit erreicht werden. Darin sind sich verschiedene Wissenschaftler einig[235].

» Außerdem kann der Eisprung – und somit eine Befruchtung – durch UPA-Verabreichung nur zu 79 Prozent verhindert oder verschoben werden. In 21 Prozent der Fälle kommt es zu Durchbruch-Ovulationen. Die zugesagte Sicherheit der Schwangerschaftsverhütung kann somit nur durch die zusätzliche Wirkung von Nidationshemmung erreicht und damit erklärt werden[236].

» Das Pharmaprodukt ‚Pille danach' ist von der Industrie so konzipiert, dass es *zu jedem Zeitpunkt* des Zyklus-Verlaufs eine Schwangerschaft verhindern soll. Da ungeplanter Geschlechtsverkehr und Vergewaltigungen nicht nur vor der Ovulation stattfinden, muss der Befruchtungszeitraum nach dem Eisprung zwangsläufig ebenfalls abgesichert werden. Dies kann bis heute *mit Sicherheit* nur durch Nidationshemmung geschehen.

Noch bis Januar 2013 war die Doppelwirkung von LNG und UPA auf zahlreichen einschlägigen Internetzeitungen beschrieben – so euroclinix.de, Frauenärzte-im-Netz.de, selbst bei profamilia.de[237].

Im folgenden Monat änderten mehrere Seiten ihre Meinung. Nun hieß die neue Parole plötzlich: allein ovulationshemmend. Anstoß für den

Meinungswechsel – einen Wirkstoffwechsel gab es nicht – war eine Initiative der Pharmalobby zusammen mit dem internationalen Verband der Fachleute für Abtreibung und Verhütung, FIAPAC. Dessen Präsidentin Gemzell-Danielsson hatte in mehreren Studien seit 2010 verkündet: die ‚Pille danach' hemme ausschließlich die Ovulation [238]. Diesem Meinungsumschwung schlossen sich die Präsidenten der deutschen Berufsverbände der Frauenärzte und der gynäkologischen Endokrinologie an, Dr. med. Christian Albring und Prof. Dr. med. Thomas Rabe. Letzterem wird ebenso wie Frau Gemzell-Danielsson nachgesagt, dass sie mit honorierten Vortrags- oder Beratungstätigkeiten Pharmaunternehmen naheständen, die das Präparat ellaOne® herstellen [239]. Wenn das zutrifft, könnten ihre Erklärungen als interessengeleitet angesehen werden.

Katholische Internet-Blogger hatten in einer Petition an Meisner bemängelt, seine Berater – und damit auch der Kardinal – hätten sich durch die Studie der Abtreibungsorganisation FIAPAC täuschen lassen [240]. Auf dem oben geschilderten Hintergrund wirkte die etwas gereizte Antwort des erzbischöflichen Sekretärs, Domvikar Msgr. Oliver Boss, eher bestätigend, wenn er auf die *„Erklärungen der wissenschaftlichen deutschen Fachgesellschaften"* hinwies [241]. Denn diese stützten sich auf die FIAPAC-Studie.

Am 24. 1. 2013, also gut eine Woche vor Meisners Erklärung, ließen die Präsidenten der beiden deutschen gynäkologischen Berufsverbände (Albring und Rabe) verlauten: *„Die moderne ‚Pille danach' verhindert oder verzögert den Eisprung. Wenn der Eisprung bereits erfolgt ist, (…) verhindert die ‚Pille danach' nicht die Einnistung in der Gebärmutter."* [242] Dr. Christian Albring wurde am 6. 2. 2013 vom Kölner Domradio interviewt. Er behauptete dort apodiktisch, dass das neue Präparat mit dem Wirkstoff UPA ausschließlich ovulationshemmend sei und es definitiv nicht zu einer *„Einnistungshemmung von befruchteten Eizellen"* komme [243]. Sein Verband hatte noch 2012 das genaue Gegenteil behauptet, ebenfalls wissenschaftsbasiert [244].

Die erzbischöfliche Pressestelle brachte auch selbst eine Stellungnahme des Berufsverbandes der Frauenärzte heraus: *„Einzig richtig ist, dass beide Pillen* (Anm.: ellaOne® und Pidana® mit den Wirkstoffen LNG und UPA) *den Eisprung verschieben und somit die Spermien keine Gelegenheit finden, eine Eizelle zu befruchten.*"[245] *Ein kath.net-Kommentator meinte zu dieser Aussage: „Damit wird die Argumentation von Kardinal Joachim Meisner zur ,Pille danach' von einer offiziellen Ärztevereinigung unterstützt.*"[246]

In Wirklichkeit steht die Behauptung des Frauenärzte-Verbandes, dass *beide* im Handel befindlichen Kontrazeptiva nur ovulationshemmend seien, im Gegensatz zur Erklärung des Erzbischofs, wonach es unterschiedlich wirkende ,Pille-danach'-Präparate gebe. Wenn der erzschöfliche Privatsekretär, die erzbischöfliche Pressestelle und das Kölner Domradio die Repräsentanten der beiden deutschen Fachverbände für Frauenärzte (BVF) bzw. Fortpflanzungsmedizin (DGGEF) zitieren, dann scheinen die beiden Organisationen eine Rolle im Beratungsprozess zu der aufgeworfenen Frage gespielt zu haben.

Angesichts der Präsenz von wissenschaftlicher Kompetenz sowie der apodiktischen Aussagen von Medizinern zur Existenz einer oder beider nicht-abtreibenden ,Pille danach' ist zu fragen, ob Kardinal Meisner nicht zwingend deren Positionen übernehmen musste. Denn *„die Kirche muss in ihren Einschätzungen die wissenschaftlichen Erkenntnisse immer berücksichtigen"*, wie es in dem Erläuterungs-Dokument der Pressestelle des Erzbistums Köln heißt. War also die kardinale Entscheidung für die Freigabe der neuen ,Pille danach' mit dem angeblich harmlosen Wirkstoff alternativlos?

Offensichtlich deckten die Thesen von Meisners Beratern doch nicht den *„neuesten Stand der medizinischen Wissenschaft"* ab – so die vollmundige Formel der Erklärung –, sondern nur eine Richtung. Jedenfalls war es keine solide Basis, eine ethische Erklärung mit weitreichenden Folgen auf dem Fließsand von wenigen neueren Wissenschaftsergebnissen aufzubauen.

Es entspricht auch nicht den wissenschaftlichen Anforderungen von Transparenz und Überprüfbarkeit, dass Behauptungen von *„neuen Er-kenntnissen"* oder *„Stand der Forschung"* nicht mit dem Hinweis auf Autoren, Studien und Gutachten belegt wurden.

Es scheint, dass der Kardinal einer Wissenschaftsfraktion ebenso vorschnell vertraut hatte wie den einseitigen Zeitungsmeldungen von der vermeintlichen Abweisung einer Vergewaltigten.

Auch die Tendenzen von interessengeleiteter Forschung (der Pharmaindustrie in diesem Fall) sind bei wissenschaftlichen Publikationen kritisch zu berücksichtigen. Die lobby-strategische FIAPAC-Initiative von 2012, die das neue Präparat ellaOne® als reine Ovulationshemmung einstufte, hatte drei Jahre später Erfolg: Zum 15. März 2015 wurde die Verschreibungspflicht für die ‚Pille danach' mit dem Wirkstoff Ulipristalacetat aufgehoben. In seinem entsprechenden Beschluss folgte die Europäische Kommission einer im November 2014 ausgesprochenen Empfehlung der Europäischen Arzneimittelbehörde EMA.

Drei Monate nach der Freigabe waren die Verkaufszahlen der Präparate besonders in den neuen Bundesländern um bis zu 80 Prozent hochgeschnellt [247]. Diese Entwicklung bestätigte die Warnungen prominenter Mediziner. Die Vizepräsidentin der Deutschen Gesellschaft für Gynäkologie und Geburtshilfe, Birgit Seelbach-Göbel, sah die Profitinteressen der Pharmakonzerne als Triebkraft für die Kampagne, die mit Rezeptfreiheit für die ‚Pille danach' zum Ziel gekommen war: „Es sieht nach Freiheit aus. Aber tatsächlich ist es vor allem ein großer Markt. Und die Pharmaindustrie profitiert." [248]

Wenn man vom Endpunkt der Entwicklung auf die Kölner Ereignisse im Winter 2013 zurückschaut, dann liegt folgende Interpretation nahe: Die Angriffe der Medien auf die restriktive Haltung der Kirche zur ‚Pille danach' für Vergewaltigte sowie die apodiktische Forderung nach bedingungsloser Vergabe des Präparats könnten Mosaiksteine im Werbefeldzug der Pharmalobby für die allgemeine Freigabe der ‚Pille danach' gewesen sein. Rudolf Schöttler attestierte den Medien „*eine glänzend gelungene Verkaufsförderung für ein chemisches Präparat*"[249].

Problematische ethische Argumentationen bei Vergewaltigungsfällen

Nach Abschluss der *medizinfachlichen* Erörterung sind die *ethischen* Argumentationen und Bewertungen zu analysieren, die der Kölner Kardinal und seine Pressestelle vorlegten – auch als Prüfung für die Medienbehauptung von der moralischen Kehrtwende.

Meisner formuliert seine ethischen Urteile unter zwei Prämissen: Zum einen stellt er die jeweiligen Präparate mit ihren unterschiedlichen Wirkweisen unter den Vorbehalt der Konditionalität: „*Wenn nach einer Vergewaltigung ein Präparat, dessen Wirkprinzip nicht abtreibend ist ...*"[250] Zum andern sei für die ethische Bewertung die gute oder böse Absicht entscheidend: So sei nur mit der Absicht, eine Befruchtung und damit Zeugung zu verhindern, die Verabreichung des entsprechenden Präparates vertretbar. Eine Pillen-Verordnung mit der ärztlichen Intention, die Einnistung der bereits befruchteten Eizelle zu verhindern, sei „*nach wie vor nicht vertretbar*". Aufgrund der oben aufgeführten Erörterung dürfte die erstgenannte Bedingung nicht mehr zutreffen, da die These von einem allein ovulationshemmenden Präparat wissenschaftlich umstritten ist. Wenn es sie aber gäbe, wie Meisner annahm, wäre die Bedingung der guten Absicht unnötig, bestenfalls irrelevant. Denn die Vergabeintention kann an der Wirkweise eines unbedenklichen Präparats nichts ändern. Oder sollte mit der überflüssigen Absichtsprämisse für die ethische Bewertung einer Handlung eine Brücke zu einem weiteren Argumentationsstrang gebaut werden?

In der „*Erläuterung der erzbischöflichen Pressestelle*", die der Kardinalserklärung beigefügt war, ging man – im Gegensatz zum Meisner-Text – realistischerweise davon aus, dass alle ‚Pille-danach'-Präparate auch nidationshemmende Wirkungen hätten. Das gelte hier wie auch „*bei sehr vielen anderen Pharmazie-Produkten*", deren „*Nebenwirkungen das beginnende menschliche Leben schädigen oder töten"* könnten. Diese Passage endet mit der Bemerkung, dass man solche Wirkungen minimieren sollte, aber nie ganz ausschließen könne. Der Arzt müsse in dieser Situation erwägen, ob er das Präparat trotzdem verabreichen wolle. Seine Abwägung könnte dann zu einem unbedenklichen Urteil kommen, wenn er seine Medikamentenverabreichung ausführte unter dem *Vorsatz einer guten Absicht*, mit der er nur die Hauptwirkung einer Befruchtungsverhinderung intendieren würde. Damit könnte der Arzt dann eine mögliche frühabtreibende Nebenwirkung ethisch ausblenden beziehungsweise aufgrund seiner guten Absichten in Kauf nehmen.

Der Text des erzbischöflichen Presseamts führte damit eine ethische Argumentationsfigur ein, die als Güterabwägung bei doppelter Wirkung eines Handelns bekannt ist. Das war aber keinesfalls der *"spektakuläre Schritt"* der Neuerung, wie Joachim Frank in jenen Tagen mehrfach behauptete [251], sondern ein Element der klassischen katholischen Moraltheologie. In der Presseerläuterung wird ein Beispiel aus der Lehre von Papst Pius XII. angeführt, nach dem starke *"Schmerzmittel bei einem Sterbenskranken dann erlaubt sind, wenn sie zwar mit der Absicht der Schmerzlinderung eingesetzt werden, aber als Nebeneffekt gegebenenfalls eine Verkürzung des Lebens zur Folge haben können"*. Gemäß der katholischen Morallehre ist für die Anwendung des Grundsatzes der ethischen Güterabwägung aber Voraussetzung, dass bei den beiden abzuwägenden Effekten nichts absolut Schlechtes im Spiel ist. Die inkaufzunehmende Nebenwirkung wäre im genannten Beispiel die Verkürzung der lebenszeitlichen Sterbephase. Bei der Anwendung des vorgestellten ethischen Ansatzes auf die Verabreichung der ‚Pille danach' geht es aber um die Tolerierung einer Nebenwirkung (Nidationshemmung), die eine Abtötung der befruchteten Eizelle zur Folge hat. Diese Wirkung beurteilt der Kardinal in seiner Erklärung als Tötung des Embryos. Eine solche Tat gilt ihm als immer verwerflich, da sie ethisch in sich schlecht (intrinsece malum) sei. Für die Abwägung von ethischen Handlungsalternativen kann also eine Tolerierung der Embryonentötung nicht in Frage kommen.

Bei der ethischen Argumentation der Güterabwägung muss allerdings noch ein weiterer Aspekt berücksichtigt werden: die der ärztliche Handlungspflicht oder Fürsorgeverantwortlichkeit. Es gehört zur Pflicht des Arztes, unerträgliche Schmerzen eines Sterbenden zu lindern. Aber zählt es auch zu den ärztlichen Pflichten, die Folgen einer Vergewaltigung zu verhindern? Hier ist zu unterscheiden: Wenn ein Arzt mit einem ovulationshemmenden Präparat eine *„verbrecherische Befruchtung"*[252] zu verhindern die Möglichkeit hätte, kann ihm das als fürsorgeverantwortliche Pflicht auferlegt werden. Den mit einem erlaubten Mittel zur Verhinderung der Befruchtung könnten von der Frau Folgen der Vergewaltigungstat abgewendet werden.

Die auf dem Markt befindlichen Präparate haben je nach Einnahmezeitpunkt eine empfängnisverhütende oder abtreibende Wirkung. Nach Aussagen des Wiener *„Institutes für medizinische Anthropologie und Bioethik"* (IMABE) lässt sich durch eine Vaginalsonographie der entsprechende Zeitpunkt bestimmen, in dem eine Mittelvergabe voraussichtlich nur kontrazeptiv, also eisprunghemmend wirkt[253].

Bei diesem Nachweis könnte die Verabreichung der ‚Pille danach' in der Fürsorgeverantwortung des Arztes erlaubt, vielleicht sogar als ärztliche Handlungspflicht nach einer Vergewaltigung anzusehen sein. Nur für diesen Fall ist das Prinzip der ethischen Güterabwägung auf die Vergabe von Kontrazeptiva bei Vergewaltigungen anzuwenden. Jedenfalls wäre es nach den Grundsätzen der katholischen Morallehre nicht zulässig, ohne Abklärung des Zeitfensters die ‚Pille danach' zu verabreichen allein mit der guten Absicht, man intendiere doch nur die Ovulationshemmung und sei deshalb für die nicht-gewollte Nebenwirkung der Frühabtreibung nicht verantwortlich.

Bei der *„Erläuterung der erzbischöflichen Pressestelle"* vermisst man die Klarheit einer solchen moraltheologischen Unterscheidung. Stattdessen bleiben die diesbezüglichen Aussagen vage: Der Arzt müsse seine Entscheidung „abwägen". Die schädlichen Nebenwirkungen müssten „selbstverständlich minimiert" werden, man könne sie aber „nie ganz ausschließen". Mindestens eine Aussage steht im diametralen Gegensatz zu den katholischen Moralprinzipien: Dass man die Nebenwirkung eines Präparates hinnehmen müsse, auch wenn es „im Extremfall das beginnende menschliche Leben töten" könnte, widerspricht auch Meisners oft wiederholtem Grundsatz vom „absoluten Lebensschutz". Die selbstgestellte Aufgabe der Erläuterung, dass „die Kirche die moralischen Prinzipien erklären" müsse, wird nicht in hinreichender Klarheit erfüllt.

Die moraltheologischen Widersprüche und unausgereiften Folgerungen im Erläuterungs-Text sind auf die fehlende Prüfung durch andere kirchliche Instanzen zurückzuführen – etwa von den theologischen Fakultäten der römischen Universitäten. Ein solcher Prüfungsdurchlauf für eine weitreichende ethische Entscheidung konnte in der kurzen Beratungszeit von einer Woche unmöglich mit der notwendigen Sorgfalt bewerkstelligt werden.

Wenn es einen Kontakt mit Glaubenskongregation und Päpstlicher Akademie für das Leben gab, wie die erzbischöfliche Pressestelle in einer Mitteilung vom 12. 2. 2013 feststellte [254], so dürfte es sich eher um ein „schnelles telefonisches oder elektronisches Okay" als eine gründliche Prüfung gehandelt haben, was mit dem weiten Begriff „Abstimmung" offen gehalten ist [255].

Die Unklarheiten in Meisners „Erklärung" setzten sich mit dessen vager Aussage zum Kontakt mit Papst Benedikt XVI. fort. Den „missverständlichen Eindruck" (erzbischöfliches Presseamt) einer Abstimmung seiner Erklärung mit dem Papst hatte Meisner in einem Interview mit dem Kölner Stadt-Anzeiger erzeugt, als er zu einem Telefonat mit dem Papst-Sekretär resümierte: „Der Papst weiß Bescheid." [256] Tatsächlich hatte der Papst erst nach der Veröffentlichung von der Kölner Erklärung „Kenntnis bekommen".

Auf Nachfrage beim Osnabrücker Sozialethiker Prof. Manfred Spieker hatte auch der päpstliche Sekretär, Erzbischof Georg Gänswein, in einer Rückmail die unklare Interview-Version von einer telefonischen Abstimmung mit dem Papst bestritten [257]. Bei diesem Kommunikationsdurcheinander vergrößerte der KStA-Reporter Joachim Frank die Verwirrung noch weiter, statt die Sachverhalte aufzuklären, wie es seine journalistische Pflicht gewesen wäre. In einem Artikel mit giftigen Spitzen verbreitete er: Prof. *„Spieker, ein Protagonist der so genannten ‚Lebensschutz'-Bewegung"*, habe mit Berufung auf eine *„angebliche E-Mail"* des Papstsekretärs behauptet, Erzbischof Georg Gänswein hätte den Kölner Kardinal „der Lüge bezichtigt" [258]. Aus der Richtigstellung einer *„missverständlichen Formulierung"* durch den Prälaten Gänswein konstruierte Frank eine gezielte und damit moralisch verwerfliche Falschaussage (Lüge), mit der er zugleich den Überbringer der Nachricht, Prof. Spieker, in Misskredit brachte.

In ähnlicher Weise reagierte das erzbischöfliche Presseamt mit seinem Vorwurf, Manfred Spieker habe eine *„bewusste (Informations-) Missachtung"* [259] begangen, indem er Meisners Interviewaussage, nicht aber die nachgeschobene Erläuterung der Presseabteilung an Gänswein vermittelt habe. Aus diesem unbegründeten Vorwurf spricht eine gereizte Nervosität der Pressestelle, die vom Ausgangspunkt aller Missverständnisse ablenkte: Kardinal Meisner hatte sich in seiner Interviewaussage unklar ausgedrückt.

Resümee der kritischen Untersuchung der beiden Texte des Kölner Erzbistums

Meisners *„Erklärung"* hielt in ethischer Hinsicht die katholische Lehre vom absoluten Lebensschutz aufrecht. Kardinal und Kirche hatten keine Kehrtwende in ihrer Lehre vollzogen, wie das Joachim Frank behauptete. Gestützt auf *„Fachleute"*, erweiterten sie lediglich die Anwendung ihrer moralischen Prinzipien auf neue Bedingungen, die sie als wissenschaftlich bewiesen ansahen. Somit war der These des KStA der

Boden entzogen, dass die *„hartnäckige Recherche und Berichterstattung"* von Peter Berger und Joachim Frank die Erklärung von Kardinal Meisner entscheidend beeinflusst hätten. Erst recht hatten die beiden Journalisten nicht einen vermeintlich *„spektakulären Kurswechsel"*[260] der katholischen Lehre bezüglich der ‚Pille danach' herbeigeführt. Die beiden letzteren Feststellungen sind insofern von Bedeutung, weil damit die Begründung für die spätere Wächterpreisverleihung weggefallen sein würde.

Für Meisners Behauptung zu einem abtreibungsfreien ‚Pille-danach'-Präparat gab es keine wissenschaftlich fundierte Absicherung. Der Kölner Kardinal stützte sich auf eine kleine Gruppe von Fachberatern, die nur eine Seite im Fortgang des kontroversen wissenschaftlichen Diskurses um die Wirkung der ‚Pille danach' repräsentierte. Zahlreiche Wissenschaftler und Medizinergesellschaften vertraten zu jenem Zeitpunkt gegensätzliche Thesen.

In der Bistumsleitung mussten die Diskursprinzipien der Wissenschaft bekannt sein, nach denen erst in einem längeren Prozess von Verifizierung, Falsifizierung und Metastudien von *„belastbaren Ergebnissen"* gesprochen werden kann. War es nicht ein naiver Glaube im erzbischöflichen Ordinariat, in nur eineinhalb Wochen der Beratung sich den gesamten Diskursprozess zu diesem Wissenschaftskomplex erarbeiten zu können? Der Kölner Erzbischof und seine Stabsstellen machten bei ihrem Vorgehen den gleichen Fehler wie bei ihren Reaktionen auf die Medienkampagne gegen die Kliniken: Ohne skeptischen Realitätsvorbehalt und kritische Sichtung der Wissenschaftsergebnisse brachten sie den Thesen ihrer (einseitigen) Fachberater geradezu gläubige Annahme entgegen.

Der zweite Text der *„Erläuterung der erzbischöflichen Pressestelle"* ging (im Gegensatz zur *„Erklärung"*) realistisch davon aus, dass alle ‚Pille-danach'-Präparate auch nidationshemmende Wirkungen hätten, also das beginnende menschliche Leben schädigen oder töten könnten. Unter diesen Bedingungen sollte ein Arzt eine ethisch verantwortete

Entscheidung treffen: Grundsätzlich sollte er schädliche Nebenwirkungen zu minimieren versuchen. Im Einzelfall könnte er mit seiner guten Absicht im Rahmen der ethischen Güterabwägung eine Abtreibungswirkung bei der Vergabe der ‚Pille danach' in Kauf nehmen. Insbesondere mit der letzteren Weisung stand die Erläuterung ethisch im Widerspruch zu der *„Erklärung"* bzw. zur bisherigen kirchlichen Lehre vom absoluten Lebensschutz. Außerdem loteten die Überlegungen der *„Erläuterung der erzbischöflichen Pressestelle"* den ethischen Handlungsspielraum der Lehre nicht aus: Im Rahmen der Fürsorgeverantwortung kann im Einzelfall die Handlungspflicht zur Verhinderung einer verbrecherischen Befruchtung auferlegt werden. Auch für den ethischen Komplex in der *„Erläuterung der erzbischöflichen Pressestelle"* ist festzustellen, dass wegen der viel zu geringen Beratungszeit die moraltheologische Argumentation unausgereift und in sich nicht schlüssig ist.

Die fehlende Zeit für Beratungen, wissenschaftliche Stellungnahmen, Konsultationen mit weiteren Ärzte-Verbänden sowie die Absprache mit den kirchlichen Zentralinstanzen in Rom schlug sich in Widersprüchen, Unklarheiten und auch Fehlern der erzbischöflichen Texte nieder. Bei einer weitreichenden moraltheologischen Fragestellung ist eine so kurze Beratungszeit in der Kirche absolut unüblich. Zum Vergleich: Die römische Bischofsynode über Fragen der Ehe- und Sexualmoral hatte über einen Zeitraum von zwei Jahren beraten.

Offenbar war der Zeitdruck auf den kirchlichen Klärungsprozess von den Medien ausgegangen. Der durch den KStA ausgelöste Skandaldruck hatte die von kirchlichen Medizinern und Theologen seit 2011 begonnene Diskussion um die Anwendung der ‚Pille danach' wahrscheinlich beschleunigt. Nur in Bezug auf Beratungsdauer und Publikationszeitpunkt konnten somit die KStA-Redakteure ihren Einfluss auf die *„Erklärung"* des Kardinals geltend machen. Für den Inhalt der Texte hatte der Mediendruck eher negative Wirkung, wie oben gezeigt. Möglicherweise wollte der Kardinal mit der übereilten Publikation seiner „*Erklärung*" den aktuellen Druck wegnehmen, der damals auf der Kirche, den kirchlichen Mitarbeitern sowie den Krankenhausärzten und -angestellten lastete. Zwar brachte die „*Erklärung*" zunächst Verblüffung von Seiten der Medien hervor – vor allem für die „*atemberaubende Geschwindigkeit*" des „*sonst so unbeweglichen Apparats*"[261].

Aber an der Sendung Günther Jauch am 3. Februar und deren Folgen konnte man erkennen, dass die vorgegebenen Skandalformeln der Medien unverändert auf das Publikum weiterwirkten. Nach der Kardinalserklärung vom 31. 1. schwoll im Februar 2013 die Kirchenaustrittswelle noch einmal an[262].

Inhaltlich nutzte Joachim Frank die Schwächen der Meisner-Papiere aus, um eine Demontage der bisherigen kirchlichen Morallehre vorzuführen. Er stellte seine theologische Option als Tatsache hin, dass „*das katholische Lehramt seine moralischen Normen nicht (mehr) für absolut erklärt*"[263]. Der Kardinal habe Wegweisendes für die Moraltheologie geleistet, indem „*die Revision seines ethischen Urteils auf einer Güterabwägung*" beruhe. Beide Behauptungen sind fehlerhafte Unterstellungen. Schließlich habe „*Meisners Schwenk auch Bewegung in die katholische Sexualmoral und das Verbot der künstlichen Empfängnisverhütung gebracht*"[264] – ebenfalls eine Phantasiethese. Alle diese behaupteten fachtheologischen Auswirkungen der Meisner-Erklärung dienten offensichtlich dazu, die eigene Leistung und Bedeutung seiner vermeintlichen journalistischen Einwirkung zu überhöhen. Faktisch ist keine der von Frank prognostizierten moraltheologischen Veränderungen eingetreten. Schon die „*Erläuterung der erzbischöflichen Pressestelle*" zu der erzbischöflichen „*Erklärung*" betonte, dass der Text nur zu Vergewaltigungen argumentiere und die lehramtlichen Verlautbarungen der Enzyklika Humanae Vitae zur katholischen Lehre von der Verhütung davon nicht berührt würden.

14. Eine ausgezeichnete Medien-Kampagne

Im Laufe des Jahres 2014 wurden den beiden hauptverantwortlichen Redakteuren des Kölner Stadt-Anzeigers zwei Medienpreise zuerkannt. Ende Dezember 2013 konnte die Zeitung berichten, dass ihr Lokalreporter Peter Berger mit einem Journalistenpreis des Medium-Magazins ausgezeichnet werde [265]. Als wichtiges Kriterium für die Auszeichnung stellte die Jury heraus, dass Bergers Recherchen *„um vergewaltigte Frauen"* – so das KStA-Zitat im Plural -, die von katholischen Krankenhäusern abgewiesen worden seien, *„in ganz Deutschland Aufmerksamkeit erregt"* hätten [266]. Nach dieser Formulierung, bestätigt durch die unten kommentierte Laudatio, erscheint folgende Annahme berechtigt: Bei der Preisverleihung ging es weniger um die Prämierung der fachlichen Leistungen des Reporters, also Recherche und Darstellung, sondern die Anerkennung dafür, dass er mit seinen Skandalartikeln Wirbel, Wirkung und Aufmerksamkeit in ganz Deutschland erzeugt hatte.

Laudatio auf die „Abtreibungspille"

Die Journalistenpreise des Medium-Magazins werden in zehn Kategorien verliehen. Eine Jury aus Journalisten, Medienbeobachtern und Vorjahresprämierten, insgesamt 80 Personen, votiert aus einer Vorschlagsliste für jeden Bereich jeweils drei Journalisten. Peter Berger war in der Kategorie *„Lokalreporter"* auf dem zweiten Platz gelandet. Die Preisverleihung fand am 3. Februar 2014 in Berlin statt, gesponsert von der Metro- und Otto-Gruppe. Die Laudatio auf Berges Lokalreportagen hielt Joachim Widmann, Leiter der Berliner Journalistenschule. In dessen Lobrede wurde der wenig sorgfältige Umgang mit Fakten und Berichten fortgesetzt, der in der Jury-Ankündigung mit der Falschaussage von *„den vergewaltigten Frauen"* eingeleitet worden war.

Widman lobte Bergers Recherchen zu einer *„vergewaltigten Frau, der von zwei katholischen Kliniken die übliche gynäkologische (...) Behandlung verweigert wurde, zu der auch die Gabe einer Abtreibungspille (!) gehörte"*[267].

Da hatten sich die KStA-Reporter in diversen Artikeln so viel Mühe gegeben, das Notfall-Präparat als reines Nachverhütungsmittel herauszustellen. Und dann wurde bei der Preisverleihung Berger als Journalist geehrt, der die ‚Pille danach' als Abtreibungspille klassifiziert hätte! Bekanntlich war ein Rezept der Notfallkontrazeption von der Notfallambulanzärztin schon verschrieben, als sie telefonisch um eine forensische Untersuchung bat, nicht um eine der *„üblichen gynäkologischen Behandlungen"*.

Weiter behauptete der Laudator, die KStA-Berichte hätten insofern Wirkung gezeigt, als sich die kirchlichen Kliniken danach dem üblichen *„Umgang mit Vergewaltigten"* angepasst hätten. Das soll wohl heißen: einschließlich der *„Gabe von Abtreibungspillen"*. Damit spielte der Preisredner offensichtlich auf Kardinal Meisners Erklärung vom 31. 1. 2013 an. Der legte aber im Gegenteil Wert darauf, dass ein Präparat mit abtreibender Wirkung weiterhin von kirchlicher Seite auf keinen Fall verabreicht werden dürfte.

Bei aller Kritik am Journalisten Peter Berger für seine Skandalberichterstattung: Eine solche Laudatio mit verdrehten und unwahren Behauptungen verdiente der KStA-Mitarbeiter nicht. Denn der Reporter des Kölner Blattes hatte vor 2013 mehrfach seine Fähigkeiten zu investigativem Journalismus unter Beweis gestellt. So deckte er 1999 Insider-Aktiengeschäfte um einen OB-Kandidaten der SPD auf, recherchierte zur Parteispendenaffäre um die Kölner CDU und wurde mit anderen für seine kritische Berichterstattung über den Bau der Kölner Müllverbrennungsanlage und den Niedergang der Kölner SPD belobigt. Er stieg zum Chefreporter des Kölner Stadt-Anzeigers auf.

Die vorliegende Geschichte gehörte allerdings nicht zu den Sternstunden eines sorgfältig recherchierenden und darstellenden Journalismus'. Berger behauptete, der Fall sei nur ins Rollen gekommen wegen seiner *„guten persönlichen Kontakte zu einer sehr erfahrenen Kölner Notärztin"*[268]. Dabei war er gar nicht der erste Journalist an dieser Geschichte. Die Notfallambulanzärztin Irmgard Maiworm hatte schon im

Dezember 2012 mit einem WDR-Redakteur über den Vorfall gesprochen. Der WDR war im Januar 2013 noch mit gründlichen Recherchen beschäftigt, *„als der Kölner Stadt-Anzeiger davon erfuhr und aus Wettbewerbsgründen hier schneller agieren wollte"* [269].

Die Spuren dieser Schnellschussdarstellung sind noch in der Erstpublikation vom 16. 1. 2013 auszumachen. Um dem WDR-Kollegen eine Geschichte wegzuschnappen, war keine Zeit mehr für eine gründliche Gegenrecherche zu den unglaublichen Angaben der Notfallambulanzärztin. Die fehlenden Nachforschungen waren zugleich die Bedingung dafür, dass sich die Geschichte auf der Basis von Gerede und Gerüchten zu einer Skandalkampagne ausweiten konnte.

Berger zeigte sich später bei einer Nachbetrachtung im Deutschlandfunk überrascht *„über die Art und die Wucht und vor allem auch über die Länge der Diskussionen"*, die sich an diesem Fall entzündet hätten [270]. Dabei hatte er mit seiner Erstpublikation die Grundlage und den Anschub für den medialen Skandalsturm gesetzt. Bei einer sorgfältigen Recherche und nüchternen Darstellung wäre es nicht dazu gekommen.

Doch Berger ging es wohl weniger darum, *„authentisch und wahrhaftig zu berichten"*, wie das der Präsident der deutschen Zeitungsverleger, Mathias Döpfner, erst kürzlich wieder als *„Aufgabe von Zeitungen"* anmahnte [271]. Er habe *„mit der Notärztin eine Geschichte gemacht"*, so seine verräterische Formulierung im Gespräch mit dem Deutschlandfunk [272]. Dabei hatten die belastbaren Fakten von einer Routine-Kommunikation zweier Ärztinnen nichts Spektakuläres hergegeben. Aber aus den missverstandenen und verdrehten Aussagen einer vorurteilsbehafteten Notfallambulanzärztin konnte er seine unzutreffende Skandalgeschichte zusammenbauen.

Berger störte es, dass die Medien später seine *„Vergewaltigungsgeschichte"* (sic) mit der Kündigung von Kindergartenleiterinnen nach Scheidungen *„in einen Topf geworfen"* hätten. Bei dieser Themenausweitung sei es billig gewesen, *„gleich die große Keule rauszuholen: wieder mal die katholische Kirche"* [273]. Es ist bemerkenswert, dass der Journalist, der die Skandalisierung angestoßen hatte, die gesamte Skandalkampagne als großen Keulenschlag gegen die katholische Kirche charakterisierte. Und mit dem „*wieder mal*" deutete er an, dass solche antikirchlichen Kampagnen schon des Öfteren betrieben worden waren.

Zu der Ausfächerung des Skandalthemas ist zu sagen, dass Berger auch daran nicht unschuldig war. Er hatte gleich in seiner ersten Publikation vom 16. 1. mit der Phantasieüberschrift: „*Kirche setzt Ärzte unter Druck*" (mit Kündigungsdrohungen) das Kündigungsthema eingeführt. Zugleich war mit Bergers Thesen von Hilfeverweigerung, Abweisung und Beratungsverbot zur ‚Pille danach' die spätere Skandalisierung von Kliniken, Kirche und kirchlicher Morallehre vorgezeichnet.

Dem KStA-Journalisten Peter Berger ist jedoch Folgendes zugute zu halten: Er bemühte sich in verschiedenen Artikeln auch um sachliche Informationsvermittlung. Als Beispiel soll sein Beitrag vom 17. 1. 2013 dienen. Die Artikelüberschrift mit dem Titel: „*Vergewaltigungsopfer. Nur eine Kommunikationspanne?*", der Vorspann und die erste Passage waren so geschrieben, dass sie die Skandalformel beförderten [274]. In weiteren acht Abschnitten ließ Berger den Pressesprecher der Hospitalvereinigung, den Geschäftsführer des St. Vinzenz-Hospitals, das erzbischöfliche Presseamt, die Leiterin des Notrufs für vergewaltigte Frauen und die Notfallambulanzärztin zum Teil in längeren Beiträgen zu Wort kommen – ohne irgendeinen negativen Kommentar.

Diesen größeren Artikelanteil kann man als sachgerechte und „*wahrhaftige Unterrichtung der Öffentlichkeit*" (Pressekodex) qualifizieren. Ist aus diesem Befund auf eine ambivalente Haltung des Reporters zu dem Skandalthema zu schließen? Die oben zitierten kritischen Bemerkungen zu der Ausweitung der Skandalkampagne sowie als medialer Keulenschlag könnten darauf hindeuten.

Demnach hätte Berger mit sachbezogenen Artikeln gegengesteuert, als die Skandalisierung von Kliniken und Kirche erkennbar aus dem Ruder lief. Allerdings konnten die späteren sachlichen Beiträge des Journalisten genauso wenig die anschwellende Skandalkampagne sedieren oder eingrenzen wie die informativen Pressemitteilungen der Hospitalstiftung.

Wächterpreis der Tagespresse

Am 8. 4. 2014 konnte der Kölner Stadt-Anzeiger erneut eine „hohe Auszeichnung" für das Blatt der Domstadt melden: Chefreporter Peter Berger und Chefkorrespondent Joachim Frank sollten den *„renommierten Wächterpreis der Tagespresse"* erhalten [275]. Der Preis wird seit 1969 von der Stiftung *„Freiheit der Presse"* alljährlich ausgelobt. 2014 wurden drei Preisträger-Parteien mit insgesamt 26.000 Euro belohnt. Berger und Frank konnten sich als Zweitplatzierte 8.000 Euro teilen. Über die Auswahl der Preisträger urteilte eine Jury von vier Chefredakteuren bzw. Zeitungsverlegern [276].

Mit dem Wächterpreis der Tagespresse soll die *„Wächterfunktion der Presse"* gestärkt werden, insbesondere auch im lokalen Bereich, in dem viele Tageszeitungen ihren Schwerpunkt haben. Auf der Wächterpreis-Seite wird die *„Wächteraufgabe der Presse"* aus der freiheitlich-demokratischen Grundordnung abgeleitet. Die öffentlichen Medien, gelegentlich als vierte Gewalt bezeichnet, sollten die drei staatlichen Gewalten auf allen Ebenen mit kritischer Wachsamkeit begleiten und dabei *„alle Arten von Mauscheleien, Korruption, Filz und Vetternwirtschaft"* bei Behörden und öffentlichen Einrichtungen aufdecken. Das erfordere investigativen und couragierten Journalismus, ohne die journalistischen Grundsätze von sorgfältiger Recherche, wahrheitsgemäßer Darstellung und unparteiischer Einstellung zu vernachlässigen [277]. An diesen Kriterien ist die Wächterpreisbegründung für die beiden Kölner Journalisten zu messen:

„Peter Berger und Joachim Frank vom Kölner Stadt-Anzeiger recherchierten die wesentlichen Fakten zu der Haltung katholischer Kliniken, vergewaltigte schwangere Frauen entsprechend den Vorgaben der Kirche abzuweisen. Unter dem Eindruck der Wirkung dieser Ver-

öffentlichungen änderte die Kirche ihre Haltung" [278]. Der zweite Satz der Preisbegründung über die Wirkung der KStA-Publikationen ist im Kapitel 13 schon ausführlich erörtert worden. Der erste Teil der preisbegründenden Aussagen soll im Folgenden nach dem Wahrheitsgehalt untersucht werden.

Ein Journalistenpreis für fünf Falschaussagen

In jeder der unterstrichenen Wortverbindungen steckt ein sachlicher Fehler:

» Die Fakten zur Haltung der katholischen Kliniken zum Umgang mit vergewaltigten Frauen waren in der Ethischen Stellungnahme der Hospitalstiftung St. Marien zu finden. Die hatten die beiden Journalisten aber ignoriert oder infrage gestellt, jedenfalls nicht weiter recherchiert (vgl. die Kapitel 4 und 6).

» Die Ethik-Richtlinie der katholischen Kliniken enthielt definitiv nicht die Haltung, vergewaltigte Frauen abzuweisen, sondern das Gegenteil, vergewaltigten Patientinnen alle notwendigen medizinischen Pflichtversorgungen zu gewährleisten.

» Die Preisbegründung, dass Kliniken und Kirche speziell schwangere Vergewaltigte abweisen sollten, war eine Phantasiethese.

» Fakten oder Belege zur Haltung der katholischen Kliniken, Vergewaltigte nach Vorgaben der Kirche abzuweisen, konnten die KStA-Journalisten zu keinem Zeitpunkt beisteuern, weil die behaupteten Vorgaben nicht existierten.

» Eine tatsächliche Abweisung einer Vergewaltigten hat es von Seiten der katholischen Kliniken nicht gegeben. Richtig und durch mehrere Quellen belegt ist, dass eine Klinikärztin der Notfallambulanzärztin den telefonischen Rat gab, eine mutmaßlich Vergewaltigte in einer ASS-Klinik behandeln zu lassen.

Bei diesen Feststellungen fragt man sich verwundert: Wie konnte eine *„renommierte"* Presse-Auszeichnung in eine vierzeilige Preisbegründung fünf Falschaussagen einbauen? Eine Repräsentanz des anspruchsvollen Journalismus' müsste doch besonderen Wert darauf legen, dass die Begründung für preiswürdige Zeitungsberichte nach den Presse-Grundsätzen von Sorgfalt der Recherche und Wahrheit der Darstellung gestaltet ist. Wie konnten sich die angesehenen Mitglieder der Wächterpreisjury dafür hergeben, solche Falschaussagen zu unterschreiben?

Bei der Erörterung dieser Fragen soll auf zwei fehlerhafte Angaben besonders eingegangen werden – unter Einbeziehung von Strukturen der Skandalisierung: Die Bemerkung in der Preisbegründung, dass *schwangere* Vergewaltigungsopfer abgewiesen worden wären, ist ein besonders bizarres Fehlurteil. In keinem der medialen Skandalberichte tauchte diese These auf – außer in einem Kommentar von Joachim Frank am 17. 1. 2013[279]. Der KStA-Reporter sprach darin von dem *„aktuellen Fall einer Schwangeren"*.

Doch zu jenem Zeitpunkt war selbst eine Vergewaltigung der Patientin in der Notfallambulanz nur als mutmaßlich bekannt. Erst recht war bis dato keine Schwangerschaft festgestellt worden. Die Jury stützte sich mit ihrer Behauptung auf einen einzigen und dazu noch unzutreffenden Meinungskommentar eines Journalisten.

Der Hinweis auf Schwangerschaften hatte allerdings eine Funktion in der Skandalkampagne. Nachdem die ersten Skandalwellen mit dem Schwerpunkt Abweisung durch Kliniken abgeebbt waren, wurde ein weiteres Skandalthema aufgefahren: die kirchliche Ablehnung von Notfallkontrazeption. Auf dieses Verbot sollte wohl mit der obigen Bemerkung angespielt werden.

Auch in die Preisbegründung für den Medium-Preis war eine Phantasiebehauptung zum Thema ‚Pille danach' als Abtreibungspräparat ausgesprochen worden. Solche Einfügungen ohne Realitätsbasis verraten einiges über die Vorstellungen von Preisgremien, was sie als wünschenswerte und prämierungswürdige Berichte ansehen.

Aus der verzerrten Wahrnehmung der Notfallambulanzärztin zu den Aussagen der Klinikärztin hatte der Kölner Stadt-Anzeiger die zentrale Skandalformel konstruiert: Katholische Kliniken verweigern auf kirchliche Weisung hin Vergewaltigungsopfern Hilfe (vgl. Kapitel 2). Mit der Presseerklärung zur klinikinternen Ethischen Stellungnahme konnte die Hospitalstiftung dokumentieren, dass das von den Medien behauptete *Verhalten der Klinikärztin* im Gegensatz stand zur *Haltung der Kliniken*, nach der das Personal zu Aufnahme, Untersuchung und Beratung von Vergewaltigten gehalten waren.

Durch diese klinikentlastenden Informationen sowie deren spätere Bestätigung durch das NRW-Gesundheitsministerium war der Skandalformel eigentlich der Boden entzogen. Gleichwohl wiederholte, variierte und kommentierte der KStA weiterhin die Behauptung von der angeblichen Abweisung nach Vorgaben von Kliniken und Kirche. Fast alle Presseorgane folgten darin der Kölner Zeitung – einschließlich der Ausblendung entgegenstehender Realitäten. Offenbar entwickelte die angelaufene Skandalkampagne ihre eigene Dynamik und damit das Festhalten der Medien an einer erwiesenen Falschbehauptung. Ohne die Anklage gegen die Haltung der Klinken wäre das geschilderte Fehlverhalten der Klinikärztin nur als „bedauerlicher Einzelfall" einzustufen gewesen. Bei einem entsprechenden Eingeständnis der Medien hätte man die Skandalkampagne schon nach zwei Tagen abpfeifen müssen. Erst recht wäre aus den KStA-Berichten keine Anwartschaft von Journalisten auf den Wächterpreis erwachsen.

Ein weiterer Mechanismus der Skandalisierung bestärkte die Akteure der Medienkampagne in ihrem Vorgehen: Dass in den ersten Publikationstagen immer mehr Medien in den Skandalzug einstiegen, wurde als Bestätigung der ursprünglichen Skandalformel wahrgenommen. Deshalb sahen der KStA und andere Medien keinen Grund, bei den neuen entgegenstehenden Informationen die Signale auf Halt zu stellen. Im Gegenteil. Mit dem Präsentieren von weiteren Vorwürfen konnte der Skandalexpress jeweils neue Fahrt aufnehmen.

Stand auch die Wächterpreisjury unter dem Druck dieser Eigendynamik der Skandalisierung? War es zwingend, dass sie die Skandalperspektive der Medien übernehmen und damit prämieren musste? Dagegen spricht: In den Grundsätzen des Wächterpreises wird besonderes Gewicht auf investigative und sorgfältige Recherche gelegt. Diese journalistischen Qualitäten hätten die verantwortlichen Juroren bei den Berichten des KStA prüfen und nachweisen sollen. Insbesondere konnten und mussten sie im Abstand von einem Jahr aus drei verfügbaren Pressemitteilungen – der Hospitalstiftung, des NRW-Gesundheitsministeriums sowie dem WDR-Lokalzeitfilm – erkennen, dass die Skandalthese von der *abweisenden Haltung von Kliniken und Kirche* nicht zu belegen war.

Wenn sie trotzdem diese Falschbehauptung in die Preisbegründung übernahmen, so war das ein schwerwiegender Verstoß gegen die presseethisch geforderte Recherche- und Sorgfaltspflicht. Damit ist ein weiterer Beleg dafür gegeben, dass der so genannte Kölner Klinikenskandal ein Medienskandal in zweifacher Hinsicht war: zunächst als unbegründetes Skandalisieren der Kliniken durch den Kölner Stadt-Anzeiger und später durch die Preisbelobigung der falschen Skandalmeldungen durch die Wächterpreisjury.

Noch mehr verwundert es, dass Joachim Frank sich auf seiner privaten Homepage mit den Falschaussagen der Preisbegründung brüstet [280]. Im Unterschied zur Wächterpreisjury stand der Chefkorrespondent des Kölner Stadt-Anzeigers selbst im Zentrum der Publikationen. Man muss ihm daher komplexes Wissen zu dem Thema unterstellen. Sein Kollege Peter Berger hatte zu einer dieser Frage recherchiert und am 17. 1. 2013. mit Beleghinweisen notiert: *„Im Erzbistum (Köln) gibt es nach Angaben des Diözesan-Caritasverbandes keine einheitlichen Richtlinien für die (katholischen) Krankenhäuser zum Umgang mit Vergewaltigungsopfern.“* [281] Frank selbst hatte in einem Beitrag geschrieben, dass das St. Vinzenz-Hospital noch 2012 (in der Zeit der ASS-Kompetenz) vergewaltigte Patientinnen aufgenommen hatte [282].

Wie konnte er sich bei dem Informationsstand die Behauptung zu eigen machen, vergewaltigte Patientinnen wären *„nach einer Vorgabe der Katholischen Kirche abgewiesen worden"*[283]? Auch zu diesem Vorgang soll der Versuch unternommen werden, das journalistische Handeln des Chefkorrespondenten in einen strukturellen Zusammenhang zu stellen:

Zum Jubiläum *„140 Jahre Kölner Stadt-Anzeiger"* am 4. 11. 2016 durfte Joachim Frank das Selbstbild der DuMont-Presse darstellen. Er setzte seiner Zeitung *„Glanzlichter des Journalismus"* auf: *„Qualität entscheidet, Seriosität, Verlässlichkeit und Glaubwürdigkeit, höchste professionelle Standards, exakte, umfassende Recherche"*[284]. Und in Absetzung von anderen Publikationsorganen krönte er sein Hausblatt mit selbsterklärtem Exzellenz-Journalismus: *„In einem Umfeld von Halbwahrheiten, Spekulationen und Gerüchten ... ist unser Geschäftsmodell die Suche nach der Wahrheit."* Sicherlich wird Frank bewusst gewesen sein, dass er mit dieser Jubelarie ein idealisiertes Bild vom Tageszeitungsjournalismus gezeichnet hatte. Zugleich darf man dem seriösen Journalisten unterstellen, sich an den Regeln der Berufsethik orientieren zu wollen. Wie konnte es dann aber passieren, dass er im Fall der katholischen Kliniken so eklatant gegen professionelle Standards der *„exakten Recherche"* auf dem Weg zur Wahrheitssuche verstieß, indem er die verworfenen *„Halbwahrheiten, Spekulationen und Gerüchte"* zur Basis seiner Darstellungen machte?

Nach eigenen Angaben benutzte Frank Einzelfälle, um das System Kirche anzugreifen[285]. Mit *„System"* bezeichnete er die Institution und Lehre der Kirche. Insbesondere wollte er die *„Ausweglosigkeit der kirchlichen Sexualmoral"* anprangern, die nach seiner Ansicht in *„*skandalösen Einzelfällen" zum Ausdruck käme[286]. Mit den wertenden Formeln war die Voreinstellung des KStA-Journalisten umschrieben, gewissermaßen der deduktive Sucher für zu erwartende Fehler kirchlicher Mitarbeiter. Die skandalisierende Darstellung der Notfallambulanzärztin über die Aussagen der Klinikärztin passte in sein Deduktionskonzept. Doch dann stellte sich heraus, dass das dargestellte Abweisungsverhalten der Klinikärztin im Gegensatz stand zur klinikinternen Richtlinie, die die Haltung der kirchlichen Krankenhäuser widerspiegelte. Vermutlich war es Franks vorgefasstem Beurteilungsansatz geschuldet, dass er die neue Konstellation vom *Einzelfall als Abweichung von der institutionellen Regel* nicht wahrhaben wollte. Er beharrte auf der unhaltbaren Interpretation vom *systembedingten Einzelfall*. Im Ergebnis führte das vorurteilsbehaftete Vorgehen des Journalisten dazu, aus einem alltäglichen Beratungsgespräch zwischen zwei Ärztinnen um die Weiterbehandlung einer Patientin einen *„skandalösen"* Systemfehler der Kirche zu konstruieren. Für die redaktionelle Aufbereitung seiner tendenziösen Geschichte bekam er den Wächterpreis zugesprochen.

15. Kratzer am Glanz der Preisträger

Peter Berger schrieb auf der Wächterpreisseite, dass es bei dem Telefongespräch zwischen der Notfallambulanzärztin und der Klinikärztin *„nicht um eine anonyme Spurensicherung"* gegangen sei [287]. Diese Behauptung des KStA-Reporters war eineinhalb Jahre nach dem Vorfall ziemlich überraschend. Denn in seinen ursprünglichen Zeitungsbeiträgen musste Berger von der Nachfrage einer Anonymen Spuren-Sicherungsuntersuchung ausgegangen sein. Schon in seiner Erstpublikation zitierte er die Leiterin des Kölner Notrufs, die das Netzwerk der Anonymen Spuren-Sicherung (ASS) betreute. Einen Tag nach der Erstpublikation im KStA brachte er einen Informationsartikel heraus mit der Überschrift *„Sexualstraftaten. Anonyme Spurensicherung ohne Zwang"* [288]. Diese Veröffentlichung wäre ohne Bezug gewesen, wenn die ASS bei Bergers Recherchegesprächen mit der Notfallambulanzärztin keine Rolle gespielt hätte. Durch drei weitere Quellen ist belegt, dass die Notfallambulanzärztin tatsächlich eine ASS-Untersuchung nachgefragt und das auch der Presse mitgeteilt hatte [289]. Irmgard Maiworm bestätigte indirekt ihre Anfrage nach einer forensischen Untersuchung, da sie vom Ausscheiden des St. Vinzenz-Hospital aus dem ASS-System zum Zeitpunkt des Telefonats nichts gewusst hätte [290].

Nachdem die Nachfrage nach einer ASS-Untersuchung von der Klinik abschlägig beschieden worden war, bemühte sich ein Beamter der Kripo, der in die Notfallambulanz gerufen worden war, *„ein Krankenhaus für eine Untersuchung zur Spurensicherung zu finden. Beim evangelischen Krankenhaus in Kalk ist das endlich gelungen"* [291]. Das Wort *„endlich"* könnte darauf hinweisen, dass weitere Kölner Kliniken sich nicht in der Lage sahen, die angefragte forensische Untersuchung durchzuführen. Als die Notfallambulanzärztin *nach* dem Telefongespräch die mutmaßlich Vergewaltigte in die Obhut der Polizei gab, änderte sich deren rechtlicher Status. Im Unterschied zu einer ASS-Untersuchung mit der späteren Anzeigenentscheidung leitet die Polizei direkt eine gynäkologische Beweisuntersuchung ein, wenn sie den Fall übernimmt [292]. Ein entsprechender Auftrag in Form einer Anzeige von Seiten der Vergewaltigten ist also zum Zeitpunkt der Übergabe anzusetzen [293]. Peter Berger hatte geschlussfolgert: *„Da sie* (die Vergewaltigte) *bei der Polizei Strafanzeige erstattete"*, konnte es sich nicht um eine ASS-Untersuchung gehandelt haben [294]. Ähnlich hatte auch Joachim Frank argumentiert [295]. Dagegen ist aber die zeitliche Reihenfolge zu beachten: Die Anzeigenerstattung kam erst dann zum Zuge, als das Bemühen der Notfallambulanzärztin um eine Anonyme Spuren-Sicherung im St. Vinzenz-Hospital und dem Heilig Geist-Krankenhaus keinen Erfolg gebracht hatte.

Nach diesen Ausführungen stellt sich die Frage, warum Peter Berger eineinhalb Jahre nach den Vorgängen etwas anderes behauptete als das, was er bei seinen Recherchen erfahren und in den Erstpublikationen auch geschrieben hatte. Offensichtlich passte der ASS-Komplex nicht zu der Skandalbehauptung, nach dem beide Kliniken angeblich einer Patientin *„Hilfe verweigert"* hätten. Die belegten Informationen zur fehlenden ASS-Kompetenz der Klinik und die Weiterempfehlung der Frau an zuständige Anstalten stellten das Konstrukt der Abweisung einer Vergewaltigten in Frage. Auf diesem Hintergrund stand Berger unter Rechtfertigungsdruck, im Nachhinein jeden Hinweis über die angefragte ASS-Untersuchung zu retuschieren. Denn in der Zwischenzeit war die einseitig-fehlerhafte Recherche der beiden Kölner Skandal-Redakteure aufgedeckt worden:

Zwei Wochen nach Ankündigung der ersten Preisverleihung für den Reporter Peter Berger [296] drohte eine kritische Darstellung die erwartete Jubelfeier der Preisverleihung zu beeinträchtigen. Am 15. Januar 2014 – das war genau ein Jahr nach den Skandalpublikationen – erschien ein achtseitiger Beitrag auf dem Internet-Portal kath.net unter dem Titel: *„Der ‚Kölner Klinik-Skandal' war eine Medienkampagne"* [297]. Gleich zu Anfang sprach der Artikel den ASS-Komplex und die fehlende Kompetenz der Klinik an. Davon ausgehend wurde aufgezeigt, wie die beiden KStA-Redakteure eine Skandalkampagne angestoßen und damit eine

Empörungswelle gegen den vermeintlichen Fehler einer kirchlichen Institution in Gang gebracht hatten. Der Artikel war für den Autor der entscheidende Impuls für die vorliegende Studie.

Der kath.net-Beitrag löste im konservativ-katholischen Sektor der Publizistik eine Reihe von zustimmenden und erweiternden Kommentaren aus. Rudolf Schöttler kritisierte in einem Gastkommentar auf ‚kath.net', dass die Skandal-Reportagen von Berger auch noch mit einem Preis belohnt würden [298]. Ebenso bemängelte die Internet- und Blogzeitung für die Zivilgesellschaft ‚Die freie Welt' unter dem Titel: *„Auszeichnung für antikatholische Kampagne"* die Preishonorierung für Peter Bergers Skandaljournalismus [299]. Seit Anfang des Jahres 2014 hatte sich der Autor dieser Abhandlung in die Materie eingearbeitet. Zusammen mit Rudolf Schöttler veröffentlichte er einen kritischen Artikel auf dem Portal gloria.tv [300]. Der Beitrag wurde mehr als 7.000 Mal aufgerufen. Ein ähnlicher Gastkommentar wurde im Blog Forum Deutscher Katholiken publiziert [301].

Nach der Veranstaltung zur Wächterpreisverleihung am 16. Mai 2014 zeigte Rudolf Schöttler in einem umfassenden Artikel in der Wochenzeitung Junge Freiheit die Skandalisierungsstrategien der beiden KStA-Journalisten auf [302]. Der Autor hatte sich in einem Beitrag für katholisches.info einige Tage vorher auf die Attacken der KStA-Journalisten gegen Kirche und Kardinal konzentriert [303]. Dieser Kommentar wurde auch auf dem Portal ‚Brights – Die Natur des Zweifels' verbreitet [304]. Bei einem Vortrag im Institut für Gesellschaftswissenschaften Walberberg in Bonn referierte der katholische Publizist Martin Lohmann aus dem ersten kath.net-Beitrag. Sein Vortrag stand unter dem Titel: *„Über Erwartungen an den Qualitätsjournalismus in Zeiten der Skandalisierung"* [305].

Die kritische Aufklärung über antikirchlichen Skandaljournalismus hatte natürlich nicht die Dimension, dass sie im Mainstream der Medien aufgetaucht wäre. Am Glanz der Preisträger konnte sie nur kleine Kratzspuren bewirken. Aber in kirchlich-konservativen Kreisen wurden die Richtigstellungen aufmerksam wahrgenommen. Und natürlich verfolgte man im Umkreis der beiden Preisträger diese Beiträge. In seiner Frankfurter Dankrede für den Preis zeigte Joachim Frank deutlich seine Verärgerung über die Kritik, die seine und seines Kollegen Artikel abwechselnd als *„Kampagnenjournalismus"* und *„Schmierenjournalismus"* charakterisiert hätten [306]. Frank beklagte, dass er, der doch nur *„hartnäckig"* recherchiert hätte, als *„vermeintlicher Buhmann"* hingestellt würde. Nach seinem larmoyanten Redeteil ging er zum Angriff über: Kirchliche Institutionen würden ein *„perfides Spiel"* betreiben, indem sich die Täter als Opfer des Skandaljournalismus' darstellten. Zum Schluss bezeichnete er die Kritik an seinen Beiträgen als *„gefährliche Tendenz"*, die letztlich *„eine subtile Form der Einschränkung der Pressefreiheit"* sei.

Die Frankfurter Rundschau fasste die Falschmeldungen der Medienkampagne gegen Kliniken und Kirche in der Tatsachenbehauptung zusammen: *„Die Opfer* (vergewaltigte Frauen) *waren nach einer Vorgabe der katholischen Kirche als Patientinnen abgewiesen worden."* [307]

16. Ein Presseportal blamiert die Journalistenzunft

Auf dem Portal der Wächterpreisseite werden in einem ‚dokZentrum' jeweils die preisgekrönten Beiträge der ausgezeichneten Journalisten sowie thematische Hintergründe dokumentiert. Die Seite wird von Professor Dr. Johannes Ludwig von der Hochschule für Angewandte Wissenschaften in Hamburg, Fakultät Design – Medien – Information verantwortet und von Publizistik-Studenten gestaltet.

Auf dem Portal sind dreiundzwanzig Artikel der beiden KStA-Journalisten eingestellt [308]. Bei dieser Dokumentation wurde ebenso ohne Sorgfalt gearbeitet, wie man das bei der Preisverleihung durch das Medien-Magazin schon gesehen hat. Im Vergleich zu den Original-Artikeln des Kölner Stadt-Anzeigers sind alle dokumentierten Beiträge ohne entsprechende Hinweise verändert worden. Der Vorspann ist grundsätzlich gestrichen ebenso wie die Themenangabe oberhalb der Titelzeile. An deren Stelle setzten die dokZentrum-Studenten fehlerhafte Phantasiebeschreibungen zu den Artikeln wie: *„Krankenhäuser lehnten Untersuchung wegen möglichen Schwangerschaftsabbruchs ab"*. Sie verunstalteten auch die meisten originalen Überschriften nach eigenem Gutdünken. Im Kölner Stadt-Anzeiger war der Beitrag vom 17. 1. 2013 überschrieben mit: *„Vergewaltigungsopfer. Politik will Vorgang prüfen"*. Die Wächterpreisseite machte daraus die missverständliche Zeile: *„Empörung über Kirchen-Kliniken Behandlung"*. Sollte der Schreiber vermitteln wollen, dass man empört sei über die Behandlung der Kliniken – etwa durch die Presse? Auch zwei weitere Angaben zu diesem Artikel sind falsch: So wird das Publikationsdatum vom 18. Januar um drei Monate auf den 18. April 2013 verschoben. Im Originalbeitrag heißt es in der Autorenzeile: *„Von Peter Berger und Günther M. Wiedemann"*. Aus dem Co-Autor Bergers wird in der Dokumentation ein *„Arno Widmann"*. (Der Genannte war als Mitbegründer und Redakteur der ‚taz' dadurch bekannt geworden, dass er 1987 eine falsche Theorie über die Entstehung der AIDS-Pandemie in die Welt gesetzt hatte.) Der falsche KStA-Redakteur Widmann taucht noch ein zweites Mal am

24. 1. als Co-Autor von Joachim Frank auf. Die vielen handwerklichen Fehler in der Pressedokumentation zeugen nicht von dem journalistischen Grundsatz: Sorgfalt in der Darstellung.

An den Anfang der Dokumentation setzten die Autoren einen inhaltlich und stilistisch völlig verunglückten Text. Unter der Überschrift *„Der ganze Vorgang im Überblick"* schrieben sie:

> *„Bei Galilei GALILEO, dem berühmten Mathematiker, Physiker und Astronomen, der um 1600 behauptet (und bewiesen) hatte, dass die Erde rund ist, und den die Katholische Kirche im Jahr 1633 zum Widerruf dieser These gezwungen hatte, war es ein Zeitraum von rd. 350 Jahren: Bis ihn die Katholische Kirche im Jahr 1992 rehabilitierte. Und eingestand, dass die Erde doch eine Kugel sei und Rom demnach nicht der Mittelpunkt der ganzen Welt sein könne. Im 17. Jahrhundert wäre Galileo GALILEO sonst auf dem Scheiterhaufen gelandet. Und bei lebendigem Leibe verbrannt worden. Soweit zur Achtung vor dem (individuellen) menschlichen Leben dieser mächtigen Religionsgemeinschaft. Im Jahr 2013 waren es knapp 6 Wochen: Bis sich die Katholische Kirche dazu durchringen konnte, vergewaltigten Frauen nicht mehr die ‚Pille danach' zu verweigern. Und Ärzten nicht zu kündigen, die in katholischen Krankenhäusern – eigentlich – zum Dienst an den Menschen verpflichtet sind. Bzw. die bis dahin gezwungen waren, die reine Kirchenlehre über die Not von Menschen zu stellen. Diese Kehrtwende hatten zwei Redakteure des Kölner Stadt-Anzeiger ausgelöst..."*[309]

Seit der Aufklärung wird der Kirche das Märchen von der flachen Erdscheibe untergeschoben. Auch die Wächterpreispublizisten verbreiten diese historischen Fehlinformationen. Die Wahrheit ist, dass schon bedeutende Forscher der Antike wie Platon oder Pythagoras von der Kugelgestalt der Erde überzeugt waren. Fast alle Gebildeten und Theologen der katholischen Kirche seit dem frühen Mittelalter sahen das ebenso. Auf die Vorstellung und Berechnungen der runden Erdgestalt hatte bekanntlich Kolumbus im Spätmittelalter zurückgegriffen, als er seine Westindienfahrt plante. Somit ist klar, dass Galileo Galilei – so der korrekte Name, den die Autoren zweimal verunstalteten – 1633 nicht zum Widerruf der Erdkugelthese *„gezwungen"* wurde. Daher brauchte die Kirche auch nicht nach 350 Jahren eingestehen, dass die Erde rund sei, da die kirchlichen Theologen das schon seit 1600 Jahren vertraten. Schließlich musste man auch nicht von der These abrücken, dass Rom im physischen Sinne der *„Mittelpunkt der ganzen Welt"* wäre. (Bei hochmittelalterlichen Erdkarten war Jerusalem als Zentrum der Erde eingezeichnet.)

Zu der Passage vermisst man Recherche und Sorgfalt gegenüber historischen Fakten. Dieser Mangel geht einher mit Selbstüberschätzung der Wirkung von Medien auf Gesellschaft und Kirche: Eine epochale *„Kehrtwende"* der Kirche, die im Fall Galilei 350 Jahre dauerte, hätten zwei KStA-Journalisten in nur sechs Wochen erreicht.

Der Autor machte Professor Ludwig auf die formalen und sachlichen Fehler dieser Passage aufmerksam. Einzig die beiden Falschschreibungen des Namens Galileo Galilei wurden umgehend korrigiert. Zu dem Sachfehler in dem Text zeigte der Hochschullehrer keine Einsicht. Er war auch nicht bereit, den publizierten Text zu ändern. Das begründete er in einer Replik im September 2014 an den Autor einleitend so: *„Wir führen auf (der Seite) ‚ansTageslicht.de' keine wissenschaftliche Auseinandersetzung."*[310] Und deswegen glaubte er sich um die Richtigkeit historischer Fakten nicht kümmern zu müssen. Mit dem geschichtlichen Beispiel sollte nur belegt werden, *„dass die Katholische Kirche auch in diesem Punkt* (also der Erdkugelgestalt – H.H.) *ein bisschen ‚rückständig' – so nenne ich das mal – gewesen ist. Nicht mehr und nicht weniger. Und dass es – manchmal offenbar – auch etwas schneller geht: in nur sechs Wochen."* Bei dem Professor dauerte es dagegen mehrere Monate, bis er seinen fehlerhaften Text änderte.

Den Vorsitzenden der Wächterpreis-Jury, Dr. Hermann Rudolph, ehemaliger Chefredakteur des Tagesspiegels, hatte der Autor auf die Mängel der Dokumentationsseite hingewiesen. Der erklärte sich in einem Antwortbrief *„für unzuständig, in der Sache auf die Kritik einzugehen"* [311]. Die Verantwortung für die Dokumentationen der Preisträger liege ganz in der Hand von Professor Ludwig und seinem Institut. Die Stiftung Freiheit der Presse sei den Genannten durchaus dankbar, dass sie die Texte einer breiteren Öffentlichkeit zur Verfügung stellten, ohne dass die Jury mit deren Ausführungen konform oder nicht-konform gehe. Rudolph wollte deshalb die fehlerhaften Texte der Dokumentation nicht kommentieren. Außerdem glaubte er nicht, *„dass davon irgendein Schatten auf den Wächterpreis und seine Jury"* fallen würde [312].

Die Wächterpreis-Stiftung war ursprünglich angetreten, investigativen Journalismus mit sorgfältiger Recherche und Darstellung zu fördern. In diesem Fall jedoch wurde ein Kampagnenjournalismus prämiert, bei dem die Effekte und Wirkungen höher bewertet wurden als Nachforschungen und wahrheitsgemäße Darstellung. Dazu passt dann ein Dokumentationsportal, dessen Publikationsprioritäten erkennbar tendenziös sind. Eigentlich könnte und müsste die Jury darauf drängen, dass auch bei der Dokumentation die journalistischen Prinzipien eingehalten werden, für die der Wächterpreis steht, also eine Art Qualitätssicherung einfordern. Aber das will sie offensichtlich nicht. Und so fällt eben doch ein *„Schatten auf den Wächterpreis und seine Jury"*.

17. Medienkritische Erwägungen

Unter dem Thema: *„Freiheit braucht Mut"* hielt der Zeitungsverleger Dirk Ippen 2011 in Frankfurt eine Festrede anlässlich der damaligen Verleihung des Wächterpreises. Dabei sprach er von Gefährdungen der Pressefreiheit [313]. Im Kernbereich seiner Rede unter dem Motto: *„Den Zeitgeist ohrfeigen"* warnte der Zeitungsmann: *„Die größte Gefahr für die gelebte Pressefreiheit aber kommt von innen her."* Ippen meinte damit den *„Hang zum Konformismus"*. Viele Journalisten entschieden sich dafür, *„Lautverstärker dessen zu sein, was gerade Zeitgeist ist"*. Das geschehe in der Form eines journalistischen *„Schwarmverhaltens"*. Auch im Aussperren von unerwünschten oder zeitgeistwiderständigen Themen durch ein *„unausgesprochenes Schweigekartell"* zeige sich ein Herdenverhalten [314].

Wovor der Festredner des Wächterpreises warnte, das wurde drei Jahre später von eben dieser Institution prämiert: Die Kölner Kliniken-Skandalisierung konnte sich nur deshalb so lange aufschaukeln, weil sich die meisten Journalisten wie ein Schwarm Insekten auf das vermeintliche Fehlverhalten der katholischen Kliniken bzw. Kirche stürzten. In Bezug auf die Entlastungsmeldungen für die beiden Krankenhäuser durch WDR-Interview und NRW-Gesundheitsministerium konnte man ein Schweigekartell der Medien beobachten. Schwarmverhalten von Journalisten ist anscheinend in ihrer Berufsstruktur angelegt. Die Redakteure der Medien sind mehr als andere Berufe damit beschäftigt, die Ergebnisse ihrer Kollegen wahrzunehmen und in ihren Wissenshorizont einzubauen. „In keinem anderen Beruf ist die Kollegenorientierung so intensiv und schnell wie im Journalismus", stellt Hans Mathias Kepplinger fest [315]. Bei Skandalen und anderen spektakulären Ereignissen werde die Koorientierung der Journalisten noch größer, ergänzt der Medienwissenschaftler.

Es bleibt gleichwohl die Frage: Warum werden bei medialen Skandalwellen so leicht und so schnell die journalistischen Grundregeln von kritischem Vorbehalt und Nachfragen außer Kraft gesetzt? Was treibt Journalisten zur Akzeptanz von unwahrhaftigen Skandalmeldungen? Welche Rolle spielt dabei die Voreinstellung der Presseleute gegenüber den skandalisierten Personen und Institutionen?

Diesen und anderen Fragen ist Hans Mathias Kepplinger in seinem Buch: *„Totschweigen und Skandalisieren"* nachgegangen [316]. Er ließ ca. 400 Journalisten von Tageszeitungen danach befragen, ob sie sechs Skandalberichterstattungen der jüngeren Zeit akzeptabel oder nicht akzeptabel fänden. In einem nächsten Schritt wurden jeweils drei Argumente für und gegen die Berechtigung der Skandalisierung zur Bewertung vorgelegt.

Einstellungen und Bedingungen für Skandal-Zuspitzungen

Zum Zwecke eines Vergleichs mit der Kölner Kliniken-Skandalisierung sei aus Kepplingers Beispielen ein kirchlicher Fall herausgegriffen. Gegenstand dieser Befragung war eine Episode in der Berichterstattung über den Indienflug des Limburger Bischofs Tebartz-van Elst [317]. Es ging konkret um einen Wortwechsel zwischen dem Bischof und einem SPIEGEL-Reporter zu den Modalitäten des Indienflugs.

Der Journalist warf später dem Bischof Unwahrheit vor. Zu diesem Urteil kam er allerdings nur durch Verschweigen von Kontexten. Immerhin 47 Prozent der Journalisten hielten die skandalisierende Darstellung des Hamburger Nachrichtenmagazins für inakzeptabel bis fragwürdig. 41 Prozent bewerteten das Vorgehen des Nachrichtenmagazins als vertretbar bis völlig akzeptabel. Dass eine relative Mehrheit der Journalisten die damalige SPIEGEL-Skandalisierung ablehnte, mag überraschen angesichts des Eindrucks vom Sommer 2012, als fast alle Medien über den Limburger Bischof mit Häme herfielen und ihn der Lüge bezichtigten.

Im Oktober des Jahres setzte die ARD sogar eine Brennpunkt-Sendung über *„Die Lügen des Limburger Bischofs"* an. Das damalige Schwarmverhalten der Medien ist wohl damit zu erklären, dass der SPIEGEL seit 2010 erfolgreich das Skandalschema eines feudal-konservativen Luxusbischofs etabliert hatte. Auf diese Schiene ließ sich damals das Gros der Journalisten leicht hinziehen. Bei der nüchternen Befragung einige Jahre später dagegen besannen sich offenbar viele Journalisten darauf, mediale Darstellungen eher an den berufsethischen Regeln von Wahrheit, Wahrhaftigkeit und Fairness zu messen.

Wenn man allerdings die zweite Befragungsstufe von Pro- und Kontra-Argumenten in die Betrachtung einbezieht, änderte sich die skandalablehnende Meinung wieder zu mehr Verständnis von journalistischen Grenzüberschreitungen. Den Vorhalt: *„Wichtig ist, was der Bischof gesagt hat, nicht, was er gemeint hat"* fanden 52 Prozent mehr oder weniger zutreffend. Bei einem Viertel von Unentschiedenen war nur 25 Prozent der Meinung, man müsse das Gemeinte bzw. den Kontext der (skandalisierten) Aussage berücksichtigen.

Ganz anders urteilten die befragten Journalisten zu einer anderen Skandalmeldung, nach der Bundesfinanzminister Schäuble bei einem Statement vor Abiturienten Putin mit Hitler verglichen hätte. Zu diesem Fall meinte eine Mehrheit von 40 Prozent, *„entscheidend"* sei, was Schäuble *„gemeint hat"* [318]. Wie sind die unterschiedlichen Maßstäbe und Interpretationsmuster zu einem Bischof und einem Politiker zu erklären? Warum sollte nach Meinung der Journalisten bei einem Politiker eher der Kontext des Gemeinten berücksichtigt werden, während es bei dem Bischof nur auf das Gesagte ankomme – mit der Folge, dass seine isolierte Aussage skandalisiert wurde. Kepplinger verweist auf die Voreinstellungen von Journalisten zu kirchlichen Personen. Zu Klerikern und Kirche liegt dazu eine Studie vor. Danach waren sich 43 Prozent der befragten Presseleute in dem Kollektivverdacht einig, dass *„die katholische Kirche scheinheilig ist".* Nur 20 Prozent hielt diese Verdächtigung für mehr oder weniger falsch [319]. In diesem *„bemerkenswerten antikatholischen Affekt im Journalismus"* sieht Kepplinger einen wichtigen Faktor für die journalistische Urteilsbildung in einem dreistufigen Prozess: *„Je entschiedener die Journalisten dem Kollekti-*

vverdacht gegen den Klerus zustimmten, desto akzeptabler fanden sie die Skandalisierung von Tebartz-van Elst." Die Akzeptanz von überspitzten Skandalvorwürfen führte wiederum zu Ablehnung der Gegenargumente bzw. Rationalisierung durch Pro-Argumente [320]. Kepplinger resümiert zu diesem Fall: Letztlich führte die *„negative Einstellung zum katholischen Klerus"* von einem erheblichen Teil der Journalisten dazu, dass sie sich über journalistische Berufsnormen des Pressekodex' hinwegsetzten. Das betraf in diesem Kontext das *„Gebot der ‚wahrhaftigen Unterrichtung der Öffentlichkeit'"* sowie *„das Verbot, den ‚Sinn' von Informationen ‚durch Bearbeitung' zu entstellen oder zu verfälschen"*[321].

Bei einem Vergleich der Limburger mit der Kölner Skandalisierung sind neben den Unterschieden frappierende Ähnlichkeiten festzustellen.

Insbesondere der zuletzt aufgewiesene Zusammenhang zwischen negativen Vorurteilen gegenüber (dem konservativen Sektor) der Kirche, der Skandalisierungsbereitschaft der Medien und dem Wegdrücken von Gegeninformationen kann in weiten Teilen den Verlauf der Kölner Skandalkampagne erklären. Ein weiteres vergleichbares Element der beiden Skandalisierungskampagnen ist darin zu erkennen, dass sich die Journalisten an isolierte Formulierungen klammerten, ohne Zusammenhänge zu berücksichtigen.

Bei dem Limburger Bischof war das eine Äußerung von ihm selbst. Im Kölner Fall wurde weder eine originale Aussage von Seiten kirchlicher Mitarbeiter noch die aus dritter Hand zitierten Aussagen der Klinikärztin, sondern eine Interpretation der Notfallambulanzärztin zur Skandalformel: Eine Kollegin hätte *„in einer Notsituation die Hilfe verweigert"*[322]. Eine ähnliche Schlussfolgerung des Kölner Stadt-Anzeigers war die Formulierung von der Abweisung einer Vergewaltigten [323], die sich in der späteren Bewertung des Falles durchsetzte. Auch ohne *„zitierfähige Aussagen"* (Kepplinger) können Medien einen Skandalsturm entfachen. Und gegebenenfalls schmieden sie sich ein Zitat so zusammen, dass es als Kampagnenauslöser passend wird. Das zeigt ein weiterer Skandalfall, mit dem die bisherigen Überlegungen fortgeführt und verallgemeinert werden.

Der niederländische Politiker und bis Ende 2017 Vorsitzende der Euro-Gruppe, Jeroen Dijsselbloem, hatte in einem FAZ-Interview gesagt: *„Das Prinzip, dass ich nicht mein ganzes Geld für Schnaps und Frauen ausgeben kann und anschließend Sie um ihre Unterstützung bitte, gilt auf persönlicher, lokaler, nationaler und eben auch auf europäischer Ebene.“* [324] Die italienische Nachrichtenagentur Ansa machte aus der allgemeinen Prinzipienaussage, die der Sprecher auf sich bezogen hatte, eine länderbezogene Behauptung: *„Die Länder Südeuropas geben all ihr Geld für Schnaps und Frauen aus und rufen dann nach Hilfe.“* [325]

Das Gros der italienischen Journalisten und Politiker nahm das zur Beleidigung umgefälschte Zitat ohne Skepsis und Vorbehalt als bare Münze und schimpfte auf die angeblichen nordeuropäischen Verschwörungsansichten zu Lasten der Südeuropäer. Der ehemalige Ministerpräsident Matteo Renzi forderte den Rücktritt des Europapolitikers. ‚Lega'-Vorsitzender Salvini wollte Dijsselbloem gar *„in die Nervenklinik“* schicken.

Der Ansa-Chefredakteur verteidigte später das Verfälschen des Zitats: Die zahlreichen Kritiken aus südeuropäischen Ländern an Dijsselbloem würden seine konkretisierende Zuspitzung bestätigen. So läuft der journalistische Zirkelschluss: Die Agentur machte ein Zitat für die italienische Leserschaft stimmig, indem sie es auf den dort verbreiteten Erwartungshorizont von nordeuropäischen Verschwörungen abstimmte. Der folgende Empörungssturm zog die Entschuldigung Dijsselbloems nach sich. Beides verbuchte Ansa als nachträgliche Rechtfertigung für seine kreative oder alternative Übersetzung des Originalzitats ins Italienische.

Dramatisierungen, Übertreibungen und Zuspitzungen sind offenbar beliebte Stilmittel von Journalisten – oder sogar Vorlieben? Das muss nach empirischen Studien jedoch differenziert werden. Bei einer Befragung fand nur ein Viertel der Zeitungsredakteure *„überspitzte Dar-*

stellungen generell akzeptabel"[327]. Für 52 Prozent der Redakteure war dieses Stilmittel *„in Ausnahmefällen vertretbar"*. Immerhin plädierte die Hälfte dieser Gruppe dafür, mit Zuspitzungen den *„Reiz einer starken Geschichte"* zu erhöhen. Rücksichten auf Wettbewerb und Leserschaft nannte knapp ein Fünftel der Redakteure als berechtigten Grund für Übertreibungen. *„Ganz anders sieht es aus, wenn es um die ‚Beseitigung eines Missstandes' geht"*, ergänzt Prof. Kepplinger, *„und genau darum geht es bei einem Skandal. Dies rechtfertigt nach Ansicht fast aller Journalisten (88 Prozent), die die Überspitzung nur in Ausnahmefällen akzeptieren, eine übertriebene Darstellung des Geschehens."*

Unter Berücksichtigung aller Befragungsergebnisse ergibt sich: *„Bei der Skandalisierung von Missständen halten bis zu 72 Prozent der Redakteure von Abonnementszeitungen Übertreibungen für vertretbar."*[328]

Dieses Ergebnis erklärt einiges zu den sprachlichen Manipulationen, die der Kölner Stadt-Anzeiger in seiner Erstpublikation am 16. 1. 2013 vorgelegt hatte[329]. Die übrige Presse schrieb diese Überspitzungen als Skandalschema fort oder stapelte noch neue Vorwürfe drauf[330]. Sie war dabei offenbar in journalistischem Schwarmverhalten befangen, an der Aufdeckung eines vermeintlichen Missstandes in der katholischen Kirche mitzuarbeiten. Daher glaubten die meisten Journalisten entsprechend der oben dargestellten Befragung, Grundprinzipien von wahrhaftigem und kritischem Journalismus vernachlässigen zu dürfen.

Zusammenfassend sind drei Triebkräfte auszumachen, die im vorliegenden Fall aus einem alltäglichen Telefongespräch in ein katholisches Krankenhaus einen Skandalprozess gegen Kliniken, Kirche und Kardinal aufschäumten:

» Ein beträchtlicher Teil der Journalisten pflegt antikatholische Affekte, insbesondere einen Kollektivverdacht gegen den konservativen Klerus. Aus dieser Haltung erwuchs die journalistische Bereitschaft, zugespitzte Vorwürfe und antikirchliche Gerüchte zu glauben, zu kolportieren und weiterzuverbreiten.

» Nachdem einmal die massiven Vorwürfe zu Lasten von Kliniken und Kirche im Raum standen, sah sich die große Mehrheit der Presseleute berechtigt oder gar verpflichtet, für die Beseitigung des aufgedeckten Missstandes auch die gewöhnlich nicht akzeptierten Mittel wie Verzerrungen und Übertreibungen anzuwenden.

» Neben diesen intrinsischen Motiven sind viele Journalisten empfänglich für die wirklichen oder vermeintlichen Erwartungen von außen. Wie am Anfang dieses Kapitels angesprochen und in den folgenden Passagen präzisiert, lassen sich Publizisten gelegentlich von der verführerischen Idee leiten, Zeitgeistströmungen oder Publikumsanschauungen zu bestärken. Bei den Kölner Skandalberichten war es die Resonanz von Lesern, anderen Medien und Politikern, durch die sich der KStA in seiner Stimmungsmache bestätigt fühlen konnte und wollte.

Am Beispiel der verfälschenden Übertragung des Dijsselbloem-Zitats soll der letztgenannte Zusammenhang erörtert werden: Nach einigen Tagen fragte eine Journalistin: Wie kam es dazu, *„dass sich niemand die Mühe machte, die Übersetzung zu prüfen"*? Ihre eigene Antwort: *„Weil die Journalisten mehr Bedarf an Fake News haben als an echten Nachrichten"* [331]. (Die Aussage in dieser Form ist allerdings auch eine Übertreibung.) Es müsste aber die Qualitätsmedien beunruhigen, dass auch im Kölner Fall niemand von den Presseleuten den Wahrheitsvorbehalt stellte: *„... wenn die Aussage so stimmt"*. Nur zwei Politiker und ein ärztlicher Direktor meldeten Zweifel an den KStA-Thesen an. Auch in Deutschland neigen Journalisten und Presseunternehmen offenbar dazu, unglaublichen Nachrichten Glauben zu schenken, wenn sie ihren Voreinstellungen entsprechen.

Ein italienischer Medienanalyst fasste anlässlich der Aufregung um das Dijsselbloem-Zitat die Entwicklung zusammen: *„Wenn eine Agentur eine Nachricht lanciert, macht sie manchmal einen Fehler, in anderen Fällen liefert sie allzu gern Skandalstimmung. Die Zeitungen lancieren die Sache dann, ohne weiter nachzudenken"*, sagte Mario Seminero, Betreiber des Blogs Phastidio – Ärgernis. Der Gedanke von der Bedrohung Südeuropas durch die dunklen Kräfte des Nordens gehöre zum Zeitgeist. *„Und die Medien haben entdeckt, dass man Käufer oder Leser holen kann, wenn man den Leuten einen Grund für Entrüstung liefert. Daher werden die Nachrichten verbogen und vergewaltigt, bis man sich damit austoben kann."*[332]

Die oben zitierte Einschätzung zur medialen Skandalstimmungsmache in Italien setzt die dort verbreiteten Verschwörungstheorien gegenüber den EU-Nordstaaten voraus. In anderen Ländern treten an die Stelle dieser italienischen Zeitgeistströmung andere Rechtfertigungslegenden und moderne Mythen, die auf den Journalismus einwirken. Diese Erkenntnis bedeutet eine wichtige Ausweitung der oben dargestellten Zusammenhänge zwischen Vorurteilen von Journalisten, Skandalisierungsbereitschaft und Ausblenden von Fakten bzw. Gegeninformationen: Die Voreinstellung der Presseleute ist vielfach eingebettet in eine der Zeitgeistströmungen. In diesem Fall werden Redaktionsstuben leicht zu deren Echokammern und Journalisten lassen sich als Lautverstärker des Zeitgeistes instrumentalisieren. Zugleich kann Journalismus die Empörungsbereitschaft des Publikums zu bestimmten Themen bedienen und fördern. Entsprechende Rückmeldungen und Quotensteigerung werden dabei als Bekräftigung des Skandalansatzes gewertet.

Es kann sich bei der geschilderten Bezugnahme auf die Erregungsbereitschaft von Lesern jedoch nur um einen Teil des Lesepublikums handeln, wie die folgenden Ausführungen zeigen. Die meisten Mediennutzer erwarten von ihren Tageszeitungen, Wochenblättern und den öffentlich-rechtlichen Sendern eine sachlich-objektive Information, um sich ihre eigene Meinung zu bilden. Der Medienwissenschaftler Kepplinger spricht von einem schon länger andauernden Entfremdungsprozess zwischen den Journalisten und ihrem Publikum [333]. Daran haben die zunehmende Emotionalisierung und Skandalisierung im Journalismus sicherlich einen gehörigen Anteil. Darüber hinaus erlitten die Medien einen dramatischen Vertrauensverlust in ihrem Kerngeschäft, also der zuverlässigen Berichterstattung und Information. *„Ein erheblicher Teil der Bevölkerung ist überzeugt, dass die Medien die Wirklichkeit falsch darstellen – weil sie große Probleme kleinreden oder völlig verschweigen und kleine Probleme maßlos übertreiben und skandalisieren.“* [334)] Neben diesen Fehlinformationen sieht sich ein Großteil der Mediennutzer einer Art *„Erziehungsjournalismus“* ausgesetzt: *„Im Frühjahr 2016 hatten 60 Prozent den Eindruck, die ‚Nachrichtenmedien‘ würden ‚berechtigte Meinungen, die sie für unerwünscht halten‘, ausblenden, 48 Prozent glaubten, sie würden ‚häufig einseitig zugunsten ihrer eigenen Meinung‘ berichten und 49 hatten den Eindruck, sie würden einem ‚vorschreiben, was man denken soll‘“* [335)].

Der Hauptgrund für den dramatischen Glaubwürdigkeitsverlust der Medien ist in der Berichterstattung über die Migrantenkrise 2015 zu suchen. Eine wissenschaftliche Medien-Studie im Auftrag der Otto-Brenner-Stiftung stellte den Qualitätsmedien ein vernichtendes Urteil aus. Im Sommer 2015 habe der *„Informationsjournalismus die Sicht und Losungen der politischen Elite“* übernommen und die Medien mit dem Narrativ der ‚Willkommenskultur‘ geflutet – bis zu 17 Beiträge pro Tag und Medium [336)]. Bedenken von Andersdenkenden sowie Sorgen und Ängste der Bevölkerung seien ignoriert, ja zum fremdenfeindlichen „Dunkeldeutschland“ erklärt worden. Ebendiese einseitige, parteiische, belehrende, moralisierende und selbstgleichgeschaltete Berichtsflut habe zum Glaubwürdigkeitsverlust der Medien beigetragen. Darüber hinaus hätte das berechtigte Misstrauen der Medienkonsumenten wesentlich zu Gegenreaktionen und *„Frontbildung“* in Foren und Sozialen Medien beigetragen – einschließlich von Fake News.

Die Reaktion der Medien auf den Glaubwürdigkeitsverlust

ZDF-Intendant Thomas Bellut gab im Frühjahr 2017 eine Selbstverpflichtungserklärung ab, in der *„Glaubwürdigkeit“* an prominenter Stelle steht [337)]. Unter diesem Programmpunkt sollen Fake News erkannt, aber auch alltägliche Unkorrektheiten entdeckt und Informationen hinterfragt werden. Bellut sieht diese neue Selbstkontrolle als *„ganzheitliche Aufgabe"* an, die jede Redaktionseinheit leisten müsse. Darüber hinaus habe das ZDF eine spezielle „Fakten-Check-Unit" eingerichtet, die im Zusammenhang mit Wahlkampfthemen generelle Behauptungen hinterfragen soll – wie etwa: *„Wir haben eine ungerechte Gesellschaft"* oder: *„Die sozialen Unterschiede wachsen"*. Bellut sieht die öffentlich-rechtliche Anstalt aber nicht in der Pflicht, ‚Fake-news-Polizei' zu sein oder *„Wächter"* über andere Internet-Medien. Die ARD startete im April 2017 das Projekt *„faktenfinder"* [338]. Damit wollen die ARD-Journalisten den „Kampf gegen gezielte Falschmeldungen und Desinformationen" aufnehmen. Aus dem Kontext der Aussage ist zu entnehmen, dass man ausschließlich Fehler und Fake News von Internet-Foren im Blick hat. Fehlleistungen von professionellen Journalisten dagegen werden als *„versehentlich"* heruntergespielt.

Während die öffentlich-rechtlichen Anstalten zumindest Ansätze von journalistischen Selbstkorrekturen einleiteten, sah der Kölner Stadt-Anzeiger in den letzten Jahren keinen Anlass, Gründe für den Glaubwürdigkeitsverlust von Medien bei sich und seinen journalistischen Standards zu suchen. Chefredakteur Carsten Fiedler glaubte, dass der KStA seit jeher *„seriös, zuverlässig und glaubwürdig"* berichten würde. Sein *„faktenbasierter, unabhängiger Journalismus"* sei selbst-*„geprüfte Qualität"* [339]. Mit diesen Kernaussagen eröffnete die Kölner Zeitung im August 2017 eine journalistische Selbstbelobigungs-*„Kampagne"*. Dabei stand die *„glaubwürdige Berichterstattung"* der eigenen Zeitung außer Frage. Das wurde mit *„zwei blauen Häkchen symbolisiert"*. Bei Politikern und Institutionen dagegen wäre zu prüfen, *„wie sie mit wahren und unwahren Meldungen umgehen und wie Fake News enttarnt werden können"* [340].

Nach dieser Einschätzung sieht man Unglaubwürdigkeit nur bei anderen Institutionen. Ein Glaubwürdigkeitsverlust der Medien wäre demnach nur ein Informationsdefizit der Öffentlichkeit. Dem könnte man mit einer Werbekampagne abhelfen. In diesem Sinne ließ die Zeitung ihren Kurs von einem Medienwissenschaftler gutheißen: Man sollte mit *„offensivem Werben für die – nachweisliche – Qualität journalistischer Arbeit"* agieren [341]. Das sagte Jochen Hörisch in einem KStA-Gespräch, mit dem die Glaubwürdigkeitskampagne der Zeitung eingeleitet wurde. Für seriöse Medienleute gilt der Ausdruck ‚Kampagnenjournalismus' als Schimpfwort für publizistische Stimmungsmache. In diesem Sinne hatte es der Chefkorrespondent des KStA seinen Kritikern entgegengehalten (vgl. Kapitel 15). Und nun sollte eine Kampagne das geeignete Mittel sein, um die Reputation der eigenen Zeitung aufzufrischen?

In weiteren Interviews mit Kölner Prominenten, auf Plakaten und mit Kinospots ließ die Zeitung ihre behauptete Glaubwürdigkeit belobigen. Die Kölner Schauspielerin und Komikerin Annette Frier lachte den Betrachtern von Großplakaten entgegen mit dem Spruch: *„Gute Geschichten brauchen keinen Fake"*. Die Aussage ist zweifellos richtig. Aber gilt sie auch für den Kölner Stadt-Anzeiger? Im Gespräch stellte Frau Frier allgemein fest, dass zwar auch *„in klassischen Medien Fehler und Fehlleistungen vorkommen"* [342], aber das finde sie *„nicht so schlimm, solange es Redaktionskonferenzen gibt"*. Denn die würden *„journalistisches Arbeiten im Team mit Selbstreflexion und kritischer Diskussion"* garantieren. Redaktionen sehe sie als *„Instanzen der Selbstkontrolle, Frühwarnsysteme, ein Gefüge von ‚Checks and Balances'"* an. Sie seien *„die Anwendung des Demokratieprinzips auf den Arbeitsalltag der Medien"*.

Ist das Hochstilisieren der Redaktionskonferenzen als Räume herrschaftsfreier Kommunikation und Selbstkorrektur nicht doch etwas zu idealistisch? Können sich nach den großen Worten über die Redaktionsversammlungen als Muster unserer freiheitlich-demokratischen Grundordnung nun alle Redakteure entspannt zurücklehnen? Müsste nach diesen Aussagen Kritik an den Medien und Forderungen nach journalistischer Kurskorrektur nicht endgültig verstummen? Der Kölner Stadt-Anzeiger scheint dieser Meinung zuzuneigen, wenn er den problematischen Interview-Satz in die Überschrift nimmt, dass die Redaktionen per se *„Instanzen der Selbstkontrolle"* seien.

Auch in einem Interview von dem rührigen Pfarrer Franz Meurer lässt sich die Zeitung eine unbedingte Vertrauenswürdigkeit nachsagen [343]. Der Kölner Geistliche spricht den *„Profis"* von der Presse sein grundsätzliches Vertrauen aus. Er verbittet sich sogar Kritik von Kollegen, die an der Glaubwürdigkeit der Medien zweifeln. Auf den Vorhalt, dass den Medien zunehmend *„einseitig-manipulative Darstellung der Wirklichkeit"* vorgeworfen wird, nimmt der Pfarrer die Presse mit einer philosophischen Antwort in Schutz: ‚Die' Wahrheit könnte man im konkreten Leben sowieso nicht erreichen. Sie habe *„Prozesscharakter, wir können sie nur einkreisen, ihr uns annähern"*. Wahrheit sei ein *„weicher Begriff"*. Diese Formulierung von der prinzipiellen Nichterreichbarkeit der Wahrheit gefiel der Redaktion offenbar so gut, dass sie ihn in die Überschrift setzte: *„Wir können die Wahrheit nur einkreisen"*. Der Satz bedeutet allerdings eine Relativierung der unbedingten Wahrheitspflicht, wie sie der Pressekodex in Ziffer 1 fordert: *„Die Achtung vor der Wahrheit ... (ist das) oberste Gebot der Presse."*

Nach solchen Vertrauenszeugnissen von positiv gestimmten KStA-Lesern kann sich Chefredakteur Carsten Fiedler beruhigt zurücklehnen und großzügig konzedieren: *„Auch uns unterlaufen Fehler, zugegeben."* [344] Aber von Fehlerkultur oder gar strukturellen Korrekturen im journalistischen Geschäft ist von ihm nichts zu hören. Das scheint ja auch nicht notwendig zu sein, wenn die Chefredaktion glaubt, dass die durch zwei Häkchen symbolisierte *„geprüfte Qualität"* immer schon den hohen Glaubwürdigkeitsstandard des Kölner Stadt-Anzeigers darstellen würde. Fiedler fungierte bis Ende 2016 als Chefredakteur beim Kölner EXPRESS, dem Boulevardblatt der DuMont-Mediengruppe. Dort war er mitverantwortlich für ein Medienspektakel, als beim Weihnachtsgottesdienst 2016 eine barbusige Femen-Aktivistin auf den Altar sprang. Die Zeitung war vorab detailliert über die geplante Inszenierung informiert worden, um die provokativen Nacktbilder im kirchlichen Chorraum publizistisch „*zu verbreiten*", wie die Femen-Frau später zufrieden feststellte[345]. Das Blatt ließ sich demnach von der Femen-Organisation instrumentalisieren. Der EXPRESS machte sich zum Gehilfen, wenn nicht „*Mitveranstalter*" eines wohlorganisierten Eklats, „*um damit Geld zu verdienen*", wie der Medienethiker Professor Alexander Filipovic feststellte[346]. In einem späteren Interview rechtfertigte der damalige Chefredakteur Fiedler seinen frivolen Mediencoup mit der Pflicht der Presse, „*über solche Dinge zu berichten*"[347]. Trägt es zur Glaubwürdigkeit der DuMont-Zeitungsgruppe bei, wenn sie sich an Skandal-Inszenierungen beteiligt und anschließend von pflichtmäßiger Öffentlichkeitsunterrichtung redet?

Einen kritischen Tonfall schlägt ein junger Musiker im Interview mit der Zeitung an. Bastian Campmann, Sänger von der Kölschrock-Band Kasalla, sieht Qualitätsmängel bei allen Mainstream-Medien, bedingt durch verschiedene Faktoren. Er bestätigt den Vorhalt, dass die Medien etwas versäumt haben, wenn sie im Verdacht stehen, nicht glaubwürdig zu sein. Denn sie würden teilweise tendenziös berichten. Bei der Tagesschau z. B. fehle ihm manchmal die Kritik an der Regierung[348]. Als Chefredakteur würde er zum journalistischen Standard machen, „*Quellen immer zweimal zu prüfen. Wenn mir irgendjemand etwas zusteckt, muss ich es von einer zweiten Quelle bestätigen lassen*"[349]. Das klingt wie eine späte Kritik an der skandalösen Erstpublikation von Peter Berger zu dem Telefonat zwischen zwei Ärztinnen. Der KStA-Reporter hatte seinen eilig zusammengestellten Bericht vom 16. 1. 2013 nur auf die Aussage einer Seite gestützt, was ihm die Ärztin in der Notfallambulanz zugesteckt hatte.

Systematischer als der Sänger Campmann brachte es der Medienprofessor Bernhard Pörksen auf den Punkt. Allen Journalisten – und insbesondere seinem Interviewer Joachim Frank – ließ er ins Redaktionsstammbuch schreiben, was die „*wesentlichen Regeln*" beziehungsweise „*das konkrete Handwerkszeug für die Umsetzung ethischer Standards*" für Journalisten seien: „*Studiere die Quellen! Höre auf die andere Sei-*

te! Bleibe skeptisch! Sei dir bewusst, wie fehleranfällig jede menschliche Wahrnehmung ist!" [350] Die gesamte Skandalberichterstattung gegen die Kölner Kliniken und Kirche wäre uns erspart geblieben, wenn die beiden federführenden Journalisten des Kölner Stadt-Anzeigers diese vier einfachen Grundregeln beherzigt hätten. Besonders wichtig wäre in diesem Fall gewesen, Skepsis gegenüber der fehleranfälligen Wahrnehmung der Notfallambulanzärztin zu zeigen. Diese hatte ein Telefongespräch mit komplexen Informationen auf die beiden Empörungsformeln Abweisung und Hilfeverweigerung zugespitzt. Aber auch den wenig skeptischen kirchlichen Pressesprechern von Kliniken und Erzbistum möchte man zurufen: Glaubt nicht alles, was euch die Medien vorsetzen und stellt deren Aussagen unter den Realitätsvorbehalt!

An den Schluss dieser Untersuchung sei die kritische Bilanz eines Medien-Profis gesetzt. Günther Lojewski war in den 90er Jahren Intendant des Senders Freies Berlin. Er äußerte sich in einem Gastkommentar der Frankfurter Allgemeinen im Februar 2014, als der ehemalige Bundespräsident Christian Wulff vor Gericht von allen Anklagen freigesprochen worden war:

> *„Zahllose Journalisten haben für eine Demonstration ihrer Macht Grundregeln ihres Berufes negiert: Gerüchte Fakten vorgezogen, Schnelligkeit vor Sorgfalt, Meinung vor Nachricht, Vorurteil vor Unparteilichkeit. Nachdem Christian Wulff jetzt freigesprochen wurde – ob sich wohl ein einziger Journalist öffentlich entschuldigen wird, bei ihm und bei seinem Publikum? Es ist wohl an der Zeit, dass wir, wir Journalisten, die wir so gern alles (besser) wissen und jeden kritisieren, einmal uns selbst zum Gegenstand öffentlichen Diskurses machen, unsere Standards, unser Ethos und unser Verhältnis zu Freiheit und Macht."* [351]

Zusammenfassung

Am 16. 1. 2013 veröffentlichte der Kölner Stadt-Anzeiger (KStA) einen Bericht über ein krankenhausübliches Telefonat: Die Ärztin einer Notfallambulanz fragte bei dem benachbarten St. Vinzenz-Hospital nach, ob an einer mutmaßlich vergewaltigten Frau eine forensische Untersuchung durchgeführt werden könnte. Die katholische Klinik steht unter dem Dach der Hospitalstiftung der Cellitinnen zur hl. Maria.

Die weiteren Behauptungen des KStA stellten sich als verzerrte Darstellungen heraus. Nach Auswertung aller Quellen ergibt sich die folgende Rekonstruktion des Telefongesprächs: Die diensthabende Gynäkologin des katholischen Krankenhauses antwortete auf die Anfrage:

Eine forensische Untersuchung sei nicht möglich, weil die Klinik seit drei Monaten nicht mehr die medizinische Kompetenz habe zu dem Verfahren der Anonymen Spuren-Sicherung (ASS). Von einer rein gynäkologischen Untersuchung sei abzuraten wegen der unnötigen Doppelbelastung durch eine weitere ASS-Untersuchung. Die Gynäkologie-Ärztin plädierte für die Überweisung der Patientin in eine andere Kölner ASS-Klinik.

Die Notfallambulanzärztin gab sich aber mit dieser Empfehlung der Gynäkologin nicht zufrieden. Sie brachte eine einfache gynäkologische Untersuchung ins Spiel. Der erneuten Anfrage konnte die Krankenhausärztin aus praktischen Stationsgründen nicht nachkommen: Angesichts ihrer aktuellen Belastung in der Betreuung mehrerer Geburten sei sie nicht in der Lage, eine gynäkologische Untersuchung einschließlich Beratung zur ‚Pille danach' und Dokumentation durchzuführen. Über die bereits verschriebene Notfallkontrazeption war sie nicht informiert worden.

Weiterhin – so die Klinikärztin – würde sich für ihr Krankenhaus ein Problem stellen, falls die Patientin nach der Untersuchung und Beratung die ‚Pille danach' verlangte: Da katholische Häuser die Notfallkontrazeption nicht ausgeben würden, sei es sinnvoll, die Behandlung der

Patientin von vornherein in einer Einrichtung vorzunehmen, die alle Maßnahmen aus einer Hand anböten.

Schließlich soll die Klinikärztin weitere Begründungen für die Nicht-Aufnahme der Patientin nachgeschoben haben, die der KStA in seinem Bericht anführte: Sie habe von einem Verbot von Beratungsgesprächen erzählt, von Kündigungsandrohungen sowie einer erfolgten fristlosen Kündigung. Alle drei Behauptungen erwiesen sich schon am Tag nach der Erstpublikation in der Pressekonferenz der Hospitalstiftung als Wiedergabe von Stationsgerüchten.

Der KStA stützte sich bei seinem Bericht über das Telefongespräch der beiden Medizinerinnen allein auf die missverstandenen und fehlerhaften Aussagen der Notfallambulanzärztin. Für die Recherche der anderen Seite hatte sich das Blatt nicht die notwendige Zeit gelassen. Darüber hinaus rahmte der KStA seinen Bericht mit manipulativen Zuspitzungen und falschen Verallgemeinerungen. Es waren vor allem drei unwahre Behauptungen, die als Skandalformeln ihr mediales Empörungspotential entfalteten:

» Das Hospital hätte ein Vergewaltigungsopfer abgewiesen.

» Katholische Kliniken würden Heilbehandlung verweigern.

» Kirchliche Krankenhäuser unterließen Hilfe in Notsituationen.

Auf der Pressekonferenz am Tag nach der Erstpublikation wies die Krankenhausgeschäftsführung die Falschbehauptungen des KStA von Beratungsverbot sowie „Druck auf Ärzte" zurück. Mit Vorlage der hausinternen Ethikrichtlinie konnte man die Regel der gewollten Aufnahme, Untersuchung und Beratung von Vergewaltigungsopfern nachweisen. Damit war dem medialen Skandalvorwurf der Boden entzogen, dass von Seiten des Krankenhausträgers die Anweisung für die angebliche Abweisung einer Vergewaltigten gekommen wäre.

Gleichwohl blieben die Medien bei ihrer Klinikenanklage im Skandalmodus. Nach dem Anstoß durch den KStA fungierte das Kölner Regionalstudio des WDR mit sieben Filmbeiträgen als Verstärker der Empörungskampagne. Den medialen Skandalberichten folgte bald das Skandalecho der Politiker. Erst als das Gesundheitsministerium NRW nach einer Woche in einer Pressemitteilung feststellte, dass der katholische *„Krankenhausträger sich nicht pflicht-widrig verhalten hat"*, hörten die meisten Medienvorwürfe gegen die Kliniken auf.

Inzwischen hatte der KStA nach den Vorwürfen von Abweisung und Klinikenversagen schon eine weitere Skandalformel aufgesattelt. Mit der Stoßrichtung gegen Regelungen der katholischen Kirche wurden das kirchliche Arbeitsrecht und ethische Vorgaben an Mitarbeiter/innen angegriffen. Dazu bemühte man das Stationsgerücht Kündigungsdrohung sowie das längst widerlegte Beratungsverbot für die ‚Pille danach'. Eine vierte Skandalwelle leitete KStA-Chefkorrespondent Joachim Frank mit seinem Kommentar zur „seelenlosen" kirchlichen Sexualmoral ein, insbesondere bezüglich der ‚Pille danach'. Er warf den Kirchenoberen *„Abgebrühtheit"* gegenüber Vergewaltigungsopfern vor.

Zweieinhalb Wochen nach den ersten Presseberichten des KStA erreichte der mediale Skandalisierungsprozess seinen Siedepunkt in der NDR-Sendung ‚Günther Jauch'. Unter dem Titel: *„...wie gnadenlos ist der Konzern Kirche?"* sollte die Skandalformel von der kirchlichen Unbarmherzigkeit festgeklopft werden. In Jauchs Gesprächsführung zeigte sich die Strategie, ein TV-Tribunal gegen katholische Kliniken, Kirche und Kardinal zu inszenieren.

Nach der kritischen Darstellung der Skandalberichte von Seiten der säkularen Medien werden die Reaktionen von Kliniken und Erzbistum Köln unter die Lupe genommen. Fatale Folgen hatte es, dass sich der Klinikensprecher für die vermeintliche Abweisung einer Vergewaltigten entschuldigte. Als sich auch Kardinal Joachim Meisner der Entschuldigung für das Medienkonstrukt anschloss, wirkte sich das als Skandalbestätigung aus.

Am 31. 1. 2013 publizierte der Kölner Erzbischof eine Erklärung mit einer neuen Einschätzung zur ‚Pille danach'. Die beiden KStA-Journalisten Peter Berger und Joachim Frank schrieben sich und ihrer

Pressekampagne den angeblich „spektakulären Kurswechsel" zugute. Die Analyse der Stellungnahme zeigt aber Meisners Kontinuität in der ethischen Haltung des Lebensschutzes. Er vertraute allerdings bei der Wirkung der Notfall-Kontrazeptionspräparate der Versicherung von Medizinern, dass einer der beiden Wirkstoffe nicht abtreibend wirke und daher ethisch unbedenklich sei. Nach einer Untersuchung der wissenschaftlichen Publikationen zu diesem Thema muss man feststellen, dass der Kardinal einer Wissenschaftsfraktion ebenso vorschnell vertraut hatte wie den Zeitungsmeldungen von der vermeintlichen Abweisung einer Vergewaltigten.

Anfang des Jahres 2014 belobigte das ‚Medium-Magazin' Peter Berger mit einem Preis für seine „*Lokalreportagen*". Die Jury begründete die Auszeichnung damit, dass der Preisträger mit seinen Artikeln „in ganz Deutschland Aufmerksamkeit erregt" habe. Vier Monate später wurde neben Berger auch Joachim Frank mit dem „*Wächterpreis der Tagespresse*" ausgezeichnet. Nach der Preisbegründung der Jury hätten die beiden Journalisten „*Fakten zu der Haltung katholischer Kliniken*" recherchiert, „*vergewaltigte schwangere Frauen entsprechend den Vorgaben der Kirche abzuweisen.*" Die Aussagen waren eine weitere fehlerhafte Zuspitzung der ursprünglichen Skandalformeln. Die mangelnde Sorgfalt bei Recherche und Darstellung zu den Skandalmeldungen des KStA setzte sich in der Jury-Begründung sowie der Dokumentation auf der Wächterpreisseite fort.

Im Abschlusskapitel „*medienkritische Erwägungen*" werden die Ergebnisse der vorliegenden Fallstudie in den Rahmen einer wissenschaftlichen Befragung von Journalisten gestellt: Danach hält drei Viertel der befragten Redakteure zuspitzende Übertreibungen für vertretbar, wenn dadurch Missstände aufgedeckt würden. Fast die Hälfte der Journalisten ist sich in dem Verdacht einig, dass die katholische Kirche scheinheilig sei. Auf diesem Hintergrund wird erklärlich, warum Empörungskampagnen gegen kirchliche Einrichtungen und ethische Haltungen auf fruchtbaren Medienboden fallen.

Der Glaubwürdigkeitsverlust der Medien in den letzten Jahren hat manche Presseorgane bewegt, Initiativen zur Rufverbesserung zu starten – so auch der Kölner Stadt-Anzeiger. Dabei mahnte ein prominenter Zeitungsleser an, dass Quellen stets zweimal geprüft werden müssten. *„Wenn mir irgendjemand etwas zusteckt, muss ich es von einer zweiten Quelle bestätigen lassen."* Diese Erinnerung an journalistische Recherchesorgfalt klingt wie eine späte Kritik an dem skandalösen Bericht von Peter Berger zu dem Telefonat zwischen den beiden Ärztinnen. Der KStA-Reporter hatte seinen eilig zusammengestellten Artikel auf die unsicheren Aussagen allein einer Seite gestützt.

Literatur

Printmedien und Periodika:

Kölner Stadt-Anzeiger (KStA)

Kölnische Rundschau

Mitteldeutsche Zeitung

Der Tagesspiegel

Frankfurter Allgemeine Zeitung

Frankfurter Neue Presse

DER SPIEGEL

Die Welt

Die ZEIT

Junge Freiheit

Frankfurter Rundschau

Gemünder Tagespost

Bonner Generalanzeiger

Berliner Zeitung

Augsburger Allgemeine

Zeitzeichen. Evangelische Kommentare zu Religion und Gesellschaft

ÄrzteZeitung

LebensForum. Zeitschrift der Aktion Lebensrecht für alle

Medizin & Ideologie. Informationsblatt der Europäischen Ärzteaktion

Der Sonntag. Limburger Kirchenzeitung

Kirchenzeitung für das Erzbistum Köln

Christ & Welt. Beilage der ZEIT zu Glaube, Geist und Gesellschaft

CellitinnenForum. Zeitschrift der Stiftung der Cellitinnen zur hl. Maria

The Lancet

TV und elektronische Medien:

WDR, NDR, MDR,

ARD, Deutschlandfunk, ZDF

RTL.NEXT

Domradio Köln

SPIEGELONLINE

WeltN24

ZEITONLINE

faz.net, kst.de

DIE FREIE WELT

aerzteblatt.de

katholisch.de

kath.net

katholisches.info

gloria.tv

Blog Forum Deutscher Katholiken

anstageslicht.de (Wächterpreis-Seite)

mediummagazin.de

brightsblog.wordpress.com

Pressemitteilungen von:

dpa, kna, epd

Hospitalvereinigung St. Marien GmbH, Köln

Pressestelle des Erzbistums Köln

Deutsche Bischofskonferenz

Humanistischer Verband Deutschlands

Verein Notruf und Beratung für vergewaltigte Frauen e. V.

Monographien:

Kepplinger, Hans Mathias: Die Mechanismen der Skandalisierung zu Guttenberg, Kachelmann, Sarrazin & Co: Warum einige öffentlich untergehen – und andere nicht, München 2012

Kepplinger, Hans Mathias: Totschweigen und Skandalisieren. Was Journalisten über ihre Fehler denken, Köln 2017

Wernicke, Jens: Lügen die Medien? Propaganda, Rudeljournalismus und der Kampf um die Öffentliche Meinung, Frankfurt/Main 2017

Frank, Joachim: Wie kurieren wir die Kirche? Katholisch sein im 21. Jahrhundert, herausgegeben von Alfred Neven DuMont, Köln 2013

Stellungnahme des Ethikrates. Postkoitale Antikonzeption („Pille danach"), hrsg. vom Trägerübergreifenden Ethikrat des Bistums Trier, 2013

Deutscher Presserat: Publizistische Grundsätze (Pressekodex), Fassung 2013

WDR-Programm-Richtlinien: Wie wir arbeiten, wofür wir stehen, Ausgabe 2014

ARD: Genrespezifische Qualifikationskriterien, 2014

Anmerkungen

I. Der ‚Kölner Klinikenskandal' war eine Medienkampagne

1. Rekonstruktion der den Medienberichten zugrundeliegenden Tatsachen

[1] Kölner Stadt-Anzeiger (KStA): Hilfe nach Vergewaltigung. Kirche setzt Ärzte unter Druck. Von Peter Berger, 16. 1. 2013

[2] Verein Notruf+Beratung für vergewaltigte Frauen – Frauen gegen Gewalt e. V. in Köln, Pressemitteilung vom 14. 9. 2012

[3] KStA: Vergewaltigungsopfer. Nur eine Kommunikationspanne? Von Peter Berger, 17. 1. 2013

[4] Hintergründe und Erläuterungen zu dem Ausscheiden aus der ASS-Netzwerk im 10. Kapitel

[5] E-Mail vom Publizisten Martin Lohmann an den Autor vom 13. 11. 2015; Lohmann war am 3. 2. 2013 Studiogast bei Günther Jauch. Nach der Sendung kam er mit der ebenfalls eingeladenen Irmgard Maiworm ins Gespräch.

[6] KStA: Kirche setzt Ärzte unter Druck, 16. 1. 2013

[7] Westdeutscher Rundfunk (WDR): „Lokalzeit aus Köln" am 22. 1. 2013. Mitschrift des Autors von der Sendung, die inzwischen in der WDR-Mediathek gelöscht ist, aber als Kopie unter http://de.gloria.tv/?media=391259 einsehbar ist.

[8] KStA: Katholische Krankenhäuser. Neue Vorwürfe gegen Kliniken. Von Peter Berger und Joachim Frank, 18. 1. 2013

[9] Eine Formulierung von Hans Mathias Kepplinger in seinem Buch: Totschweigen und Skandalisieren. Was Journalisten über ihre eigenen Fehler denken, Köln 2017, S. 155

[10] Vgl. Kepplinger, Hans Mathias: Die Mechanismen der Skandalisierung zu Guttenberg, Kachelmann, Sarrazin & Co.: Warum einige öffentlich untergehen – und andere nicht, München 2012

2. Redaktionelle Aufbereitung vom Kölner Stadt-Anzeiger

11)   KStA: Hilfe nach Vergewaltigung. Kirche setzt Ärzte unter Druck, 16. 1. 2013

12)   Ebenda

13)   Vgl. KStA: Katholische Kliniken werden nicht zur Rechenschaft gezogen. Von Peter Ber-ger, Julia Hack und Thorkit Treichel, 31. 1. 2013

14)   Ebenda

15)   Zitiert aus: Zeitzeichen. Evangelische Kommentare zu Religion und Gesellschaft, Ausgabe Juli 2010

16)   Kepplinger, Hans Mathias: Totschweigen und Skandalisieren, S. 78f

17)   KStA: Vergewaltigungsopfer. Politik will Vorgang prüfen. Von Peter Berger und Günther M. Wiedemann, 17. 1. 2013

18)   Deutscher Presserat: Pressekodex, S. 2

19)   Ebenda

20)   KStA: Erzbistum Köln. Kliniken weisen Vergewaltigte ab. Von Peter Berger, 16. 1. 2013

21)   Belege dafür im 17. Kapitel

22)   Diese Einschätzung äußerten explizit die Journalisten von SPIEGELONLINE in dem Artikel: Abweisung in Gottes Namen, 17. 1. 2013

3. Das Zusammenspiel von Notfallambulanz und Zeitung bei der Skandalisierung

23)   Die Welt: „Das ist für mich Kirche wie im Mittelalter", 17. 1. 2013

24)   SPIEGELONLINE: Abweisung in Gottes Namen, 17. 1. 2013

25)   Belege und Erläuterungen dazu zu Anfang des 15. Kapitels

26)   KStA: Nur eine Kommunikationspanne? 17. 1. 2013

27)   KStA: Neue Vorwürfe gegen Kliniken, 18. 1. 2013

28)   KStA: Kirche setzt Ärzte unter Druck, 16. 1. 2013

29)   Kepplinger, Hans Mathias: Mechanismen der Skandalisierung... S. 37

30)   Ausführlich dazu im Kapitel 9

31)   Die Welt: „Das ist für mich Kirche wie im Mittelalter", 17. 1. 13

32) Wächterpreis-Seite: Die Kehrtwende – das Making-of. Von Peter Berger, Kölner Stadt-Anzeiger, in: http://www.anstageslicht.de/themen/religion/katholische-kirche-und-pille-da-nach/making-of-kehrtwende-bei-pille-danach/

33) Vgl. Kepplinger, Hans Mathias: Mechanismen der Skandalisierung... S. 37: „Gelegentlich spielen Akteure im vormedialen Raum und einige Journalisten so eng zusammen, dass sich kaum entscheiden lässt, von wem die skandalträchtige Perspektive stammt."

4. Richtigstellen und Falschverstehen

34) Gesprächsprotokoll der Klinikleitung mit der diensthabenden Gynäkologin vom 16. 1. 2013, Mitteilung vom Pressesprecher der Hospitalvereinigung St. Marien an den Autor vom 15. 2. 2017

35) Die „Ethische Stellungnahme" vom 7. 11. 2012 ist inzwischen überarbeitet und deshalb nicht mehr öffentlich verfügbar.

36) Hospitalvereinigung St. Marien: Presseerklärung zur „Ethischen Stellungnahme zur Notfallkontrazeption bei Patientinnen, die vermutlich Opfer eines Sexualdelikts geworden sind", 16. 1. 2013

37) EbendaPressestelle des Erzbistums Köln: Stellungnahme zu Berichten über die Behandlung von Vergewaltigungsopfern in katholischen Krankenhäusern, 17. 1. 2013

38) Plenarprotokoll NRW-Landtag 16/20: Jedes Krankenhaus muss Vergewaltigungsopfer medizinisch versorgen, 23. 1. 2013

39) SPIEGELONLINE: Abweisung in Gottes Namen, 17. 1. 2013

40) KStA: Nur eine Kommunikationspanne? 17. 1. 2013

41) Weitere Ausführungen zu diesem Thema im 17. Kapitel: Medienkritische Erwägungen

42) KStA: Leser-Reaktionen. Große Empörung über Krankenhäuser, 17. 1. 2013

43) KStA: Heftige Reaktionen der Leser auf die Kliniken und die Kirche. Schenke uns ewige Ruhe vor ihnen, Samstag/Sonntag 19./20. 1. 2013

44) Ebenda

5. Verstärkung der Skandalisierung durch den Westdeutschen Rundfunk

45) Paragraph 5 (6) der Programmgrundsätze des WDR-Gesetzes von 1985 in der Fassung von 2011

46) Schreiben von Ulrike Wischer, Leiterin der WDR-Programmgruppe Regionales FS, vom 20. 3. 2014 an den Autor

47) Telefonische Mitteilung des Pressesprechers der Hospitalvereinigung an den Autor

48) Mitschrift aus dem Filmbericht: Mögliches Vergewaltigungsopfer abgewiesen: Katholische Kliniken verweigern Hilfe, vom 17. 1. 2013. Das Video ist in der WDR-Mediathek nicht mehr verfügbar.

49) Zeitgeschichtliches Archiv des WDR: Vergewaltigungsopfer abgewiesen. Katholische Krankenhäuser verweigern Untersuchung, 17.1.2013, in: http://www1.wdr.de/archiv/missbrauch/vergewaltigungsopfer100.html

50) WDR Programmrichtlinien: Wie wir arbeiten, wofür wir stehen, Ausgabe 2014, S. 12

51) Zeitgeschichtliches Archiv des WDR: Nach Abweisung von Vergewaltigungsopfer. Empörung über Verhalten von Kölner Kliniken, 18. 1. 2013, in: http://www1.wdr.de/themen/pano-rama/vergewaltigungsopfer112.html

52) Zeitgeschichtliches Archiv des WDR: Abgewiesenes Vergewaltigungsopfer: Streit um katholische Krankenhäuser, 22. 1. 2013, in: http://programm.ard.de/TV/Programm/Sender/?sendung=281119352288659. Es ist nur noch der Thementitel, nicht mehr das Video selbst im WDR-Archiv verfügbar.

53) Schreiben von Ulrike Wischer vom 20. März 2014

54) ÄrzteZeitung: Vergewaltigt und abgewiesen. Die Grenzen der Behandlungspflicht. Von Ilse Schlingensiepen, 21. 1. 2013

6. Medien und Politiker schießen sich auf die katholischen Kliniken ein

55) Die Welt (dpa/bar): Köln. Katholische Kliniken weisen Vergewaltigungsopfer ab, 17. 1. 2013

56) Die Welt: Missbrauch in Köln. „Das ist für mich Kirche wie im Mittelalter", 17. 1. 2013

57) Ebenda

58) Die Welt: Klinikskandal weitet sich aus, 20. 1. 2013

59) Der Tagesspiegel: Katholische Krankenhäuser lehnen Vergewaltigungsopfer ab, 17. 1. 2013

60) Die Welt: „Das ist für mich Kirche wie im Mittelalter", 17. 1. 2013

61) KStA: Abtreibungsgegnerin: Spitzel schwärzen Ärzte an. Kommentar von Joachim Frank, 18. 1. 2013

62) RTL.NEXT.de: Skandal in Köln. Vergewaltigte von katholischen Kliniken abgewiesen, 21. 1. 2013, siehe: http://rtlnext.rtl.de/cms/skandal-in-koeln-ver-gewaltigte-von-katholischen-kli-niken-abgewiesen-1386004.html

63) SPIEGELONLINE: Abweisung in Gottes Namen, 17. 1. 2013

64) Zitiert aus der Presseschau des Domradios Köln zur Entschuldigung des Kardinals: „Etwas spät zwar, aber immerhin", 23. 1. 2013

65) KStA: Politik will Vorgang prüfen, 17. 1. 2013

66) aerzteblatt.de: Kritik an katholischen Krankenhäusern reißt nicht ab, 21. 1. 2013, siehe: http://m.aerzteblatt.de/news/53102.htm

67) Deutschlandfunk: Heinen-Esser: Vergewaltigte Frau abzuweisen, „ist zutiefst unchristlich". Ursula Heinen-Esser im Gespräch mit Christine Heuer, 17. 1. 2013

68) KStA: Vergewaltigte abgewiesen. „Hartherzig und erbarmungslos", 18. 1. 2013

69) Ebenda

70) Landtag Nordrhein-Westfalen. Plenarprotokoll 16/20: Verhandlungen zum Tagesordnungspunkt 7: Eilantrag der Fraktion der Piraten. Jedes Krankenhaus muss Vergewaltigungsopfer medizinisch versorgen. Religiöse Grundsätze dürfen dabei keine Rolle mehr spielen, 23. 01. 2013, 44. Jahrgang, Ausgabe 2 vom 27. 2. 2013. Die Abgeordnete Jansen sagte demnach: Es sei zu überlegen, „ob die Zulassung oder Vergabe einer gynäkologischen Notfallbetreuung für katholische Krankenhäuser akzeptabel ist".

71) Plenarprotokoll NRW-Landtag 16/20: Jedes Krankenhaus muss Vergewaltigungsopfer medizinisch versorgen, 23. 1. 2013

72) Vgl. Humanistischer Pressedienst: Skandal um katholische Krankenhäuser – Was nun? 29. 1. 2013

73) KStA: Vergewaltigungsopfer: Abweisung ist erbarmungslos, 19. 1. 2013

74) Ebenda

75) aerzteblatt.de: Kritik an katholischen Krankenhäusern reißt nicht ab, 21. 1. 2013

76) NRW-Ministerium für Gesundheit, Emanzipation, Pflege und Alter, Pressesprecher Christoph Meinerz: Mail-Info vom 23. 1. 2013 an die Medien

77) KStA: Katholische Kliniken. NRW-Ministerin fordert Klärung, 23. 1. 2013

7. Ausweitung des Skandals auf die Kirche allgemein

78) KStA: Kirche setzt Ärzte unter Druck, 16. 1. 2013

79) Ebenda

80) WDR-Sendung „Lokalzeit aus Köln", 22. 1. 2013

81) aerztezeitung.de: Vergewaltigt und abgewiesen, 21. 1. 2013

82) KStA: Kirche setzt Ärzte unter Druck, 16. 1. 2013

83) Deutscher Presserat: Pressekodex, S. 2

84) KStA: Nur eine Kommunikationspanne? 17. 1. 2013

85) Wächterpreis-Seite: Berichte des KStA, siehe: http://www.anstageslicht.de/themen/religion/katholische-kirche-und-pille-danach/die-berichte-des-koelner-stadtanzeiger-2013/koel-ner-stadtanzeiger/wer-hilft-bekommt-die-kuen-digung/

86) KStA: Kliniken weisen Vergewaltigte ab, 16. 1. 2013

87) Deutschlandradio: Kölner Klinik-Skandal bleibt ohne juristisches Nachspiel, 18. 1. 2013, http://www.deutschlandradio.de/koelner-klinik-skan-dal-bleibt-ohne-juristisches-nach-spiel.331.de.html?dram:article_id=234766

88) Siehe folgendes Kapitel 9

89) Mitteldeutsche Zeitung: Katholische Kirche. Den Menschen vergessen. Kommentar von Joachim Frank, 17. 1. 2013

90) Hier zitiert aus: Gemünder Tagespost (dpa): Vergewaltigte abgewiesen. Katholische Kliniken verweigern Untersuchung eines Opfers, 18. 1. 2013

91) KStA: Politik will Vorgang prüfen, 17. 1. 2013

92) aerzteblatt.de: Kritik an katholischen Kliniken reißt nicht ab, 21. 1. 2013

93) Berliner Zeitung: Vergewaltigungsopfer abgewiesen. Das Alles-oder-nichts-Prinzip des Erzbistums. Von Joachim Frank, 23. 1. 2013

94) Die Welt (dpa): Vergewaltigte abgelehnt. Keine Ermittlungen gegen katholische Kliniken, 18. 1. 2013

95) Plenarprotokoll NRW-Landtag 16/20: Jedes Krankenhaus muss Vergewaltigungsopfer medizinisch versorgen, 23. 1. 2013

96) Ebenda

97) Ebenda

98) aerzteblatt.de: Vermischtes. Stiftung entschuldigt sich für Umgang mit Vergewaltigungsopfer, 17. 1. 2013, siehe: https://www.aerzteblatt.de/nachrichten/53077/Stiftung-entschuldigt-sich-fuer-Umgang-mit-Vergewaltigungsopfer

8. Anklagen gegen die kirchliche Moral wegen der ‚Pille danach'

99) KStA: Kirche setzt Ärzte unter Druck, 16. 1. 2013

100) Leitsätze des Bundesverfassungsgerichts zur Neuregelung des § 218 vom 28. 5. 1993, hier Nr. 4: „Der Schwangerschaftsabbruch muss für die ganze Dauer der Schwangerschaft grundsätzlich als Unrecht angesehen und demgemäß rechtliche verboten sein." NJW 1993, Heft 28, S. 175ff

101) Plenarprotokoll NRW-Landtag 16/20: Jedes Krankenhaus muss Vergewaltigungsopfer medizinisch versorgen, 23. 01. 2017

102) Ebenda

103) SPIEGELONLINE: Abweisung in Gottes Namen, 17. 1. 2013

104) KStA: Vergewaltigungsopfer. „Wir helfen, dafür sind wir doch da". Von Julia Hohenadel, 17. 1. 2013

105) Ebenda

106) In seinem Buch: Wir kurieren wir die Kirche? (2013) zeigt Joachim Frank seine ‚kirchliche Mission' jenseits der hierarchischen Kirche.

107) Joachim Frank gehört zu der wachsenden Zahl von Journalisten, die von Beobachtern zu Akteuren für eine „moralische Mission" werden. Vgl. Prof. Hans-Mathias Kepplinger im Interview, Die Tagespost vom 26. 7. 2018

108) Der Sonntag. Limburger Kirchenzeitung: Scheitern. Ein melancholisches Grü-ßen. Von Anja Weiffen, 25. 9. 2016, S. 11

109) Vgl. https://www.autor-joachim-frank.de/

110) KStA: Kommentar. Verstörender Rigorismus der Kirche. Von Joachim Frank, 17. 1. 2013

111) Vgl. die Ausführungen in den Kapiteln 4 und 6

112) Im Kapitel 14 beschrieben

113) KStA: Vergewaltigungsopfer. Die seelenlose Moral der Kirche. Von Joachim Frank, 18. 1. 2013; auch die weiteren Zitate aus dieser Publikation

114) KStA: Klinikskandal. Aufsichtsrat kritisiert Ärzte-Gängelung. Von Joachim Frank, 22. 1. 2013

115) KStA: Verstörender Rigorismus der Kirche, 17. 1. 2013

116) Vgl. Plenarprotokoll NRW-Landtag 16/20: Jedes Krankenhaus muss Verge-waltigungsopfer medizinisch versorgen, 23. 1. 2013

117) KStA: Verstörender Rigorismus der Kirche, 17. 1. 2013

118) Ebenda

119) Ebenda

120) Ebenda

121) Ebenda

122) Ebenda

123) Ebenda

124) KStA: Die seelenlose Moral der Kirche, 18. 1. 2013

125) Vgl. Wächterpreis-Seite: Stichwort ‚Joachim Frank'. Siehe: http://www.ansta-ges-licht.de/menschen-dahinter/joachim-frank/

126) KStA: Die seelenlose Moral der Kirche, 18. 1. 2013

9. Gnadenloses TV-Tribunal in der Sendung ‚Günther Jauch'

127) ARD-Sendung „Günther Jauch": In Gottes Namen – Wie gnadenlos ist der Konzern Kir-che? Vom 3. 2. 2013, siehe: http://www.dailymotion.com/video/x3xjl0i

128) SPIEGELONLINE: Abweisung in Gottes Namen, 17. 1. 2013

129) Programmbeschwerde des Arbeitskreises von Katholiken im Raum Frankfurt an den NDR-Intendanten zu der Sendung „Günther Jauch" am 3. 2. 2013, vom 8. 1. 2014

130) Dreiseitige Stellungnahme von Andreas Cichowicz, Chefredakteur Fernsehen des NDR, zu der Programmbeschwerde des Autors über die Jauch-Sendung am 3. 2. 2013, mit Anschreiben von Dr. Arno Beyer, stellvertretendem NDR-Intendant als Direktor Landesfunkhaus Niedersachsen in Hannover, vom 13. 2. 2014. Wenn nicht anders vermerkt, sind alle Zitate in diesem Kapitel entweder aus dem angegebenen Schreiben oder der Sendung selbst.

131) Plenarprotokoll NRW-Landtag 16/20: Jedes Krankenhaus muss Vergewaltigungsopfer medizinisch versorgen, 23. 1. 2013

132) katholisch.de: Ein Fehler. Von Andreas Otto (kna), 18. 1. 2013

133) In Auszügen vorgestellt im 1. Kapitel

134) Vgl. ARD-Leitlinien: Genrespezifische Qualitätskriterien Information, siehe: http://www.daserste.de/specials/ueber-uns/telemedien-genrespezifische-qualitaetskriterien-das-erste100.pdf

135) ZEITONLINE: Der Zeuge Günther Jauch im Filmfälscher-Prozeß, 1. 11. 1996

136) Deutscher Presserat: Publizistische Grundsätze (Pressekodex), Ziffer 1: Wahrhaftigkeit und Achtung der Menschenwürde, Ziffer 2: Sorgfalt

137) Siehe die Darstellungen im Kapitel 9

138) KStA: Aufsichtsrat kritisiert Ärzte-Gängelung, 22. 1. 2013

139) ARD-Leitlinien 2013/14: Genrespezifische Qualifikationskriterien

10. Gegenläufige Kommunikationsstränge in den beiden Kliniken

140) Frankfurter Allgemeine Zeitung: Katholische Kliniken. Lasst uns denunzieren. Von Reiner Burger, 23. 1. 2013

141) SPIEGELONLINE: Abweisung in Gottes Namen, 17. 1. 2013

142) Zitiert aus der Presseerklärung des Vereins ‚Notruf und Beratung für verge-waltigte Frauen': Richtigstellung zum Thema ASS, 18. 1. 2013, siehe: http://www.notruf-koeln.de/richtigstellung-z-thema-ass/

143) Ebenda

144) Telefongespräch des Autors mit Irmgard Kopetzky am 22. 1. 2015

145) Verein ‚Notruf und Beratung für vergewaltigte Frauen': Richtigstellung z. Thema ASS, publiziert am 18. Januar 2013 auf www.radio-koeln.de

146) Ebenda

147) Ebenda

148) Pressemitteilung der Hospitalvereinigung St. Marien GmbH: Kölner Klinik-verbund arbei-tet Vorwürfe auf, 21. 1. 2013

11. Erörterung der verschiedenen Versionen des Geschehens

149) Verein ‚Notruf und Beratung für vergewaltigte Frauen': Richtigstellung z. Thema ASS, 18. 1. 2013

150) WDR: „Lokalzeit aus Köln" am 22. 1. 2013

151) Gesprächsprotokoll der Klinikleitung mit der diensthabenden Gynäkologin vom 16. 1. 2013

152) Die Welt: „Das ist für mich Kirche wie im Mittelalter", 17. 1. 2013; Der SPIE-GEL: Katholische Kliniken und Vergewaltigungen, 17. 1. 2013. Die entspre-chenden Zitat-Belege sind im Kapitel 4 aufgeführt.

153) Vgl. die WDR-Sendung „Lokalzeit aus Köln", 22. 1. 2013

154) Die aus der Bemerkung von Prof. Pennig zu folgernde Interpretation, dass bei der Frau keine Vergewaltigung vorgelegen hätte, konnte mit Nachfragen bei den Strafverfolgungsbehörden insofern nicht bestätigt werden, als die Stellen aus datenschutzrechtlichen Gründen keine diesbezügliche Auskunft gaben.

155) KStA: Von Blutaustausch und Bibelstunden. Von Uli Kreikebaum, 19./20. 12. 2015

156) Aus dem Gesprächsprotokoll mit der Klinikärztin vom 16. 1. 2013

157) WDR: Interview mit Prof. Dr. Dietmar Pennig in der Sendung „Lokalzeit aus Köln" am 22. 1. 2013

158) KStA: Nur eine Kommunikationspanne? 17. 1. 2013

159) Vgl. 4. Kapitel: Die Patientin soll durch Beratung eine „informierte Entscheidung" treffen können.

160) Gesprächsprotokoll der Klinikleitung mit der diensthabenden Gynäkologin vom 16. 1. 2013

161) KStA: Kirche setzt Ärzte unter Druck, 16. 1. 2013

162) Pressemitteilung der Hospitalvereinigung: Kölner Klinikverbund arbeitet Vorwürfe auf, 21. 1. 2013

163) Ebenda

164) Gemünder Tagespost (dpa): Vergewaltigte abgewiesen, 18. 1. 2013

165) SPIEGELONLINE: Abweisung in Gottes Namen, 17. 1. 2013

166) KStA: Kirche setzt Ärzte unter Druck, 16. 1. 2013

167) Vgl. Argumentation und Belege dazu im Kapitel 9

168) KStA: Kirche setzt Ärzte unter Druck, 16. 1. 2013

12. Reaktionen von Kliniken und Erzbistum angesichts des Mediendrucks

169) Hospitalvereinigung St. Marien: Presseerklärung zur „Ethischen Stellungnahme", 16. 1. 2013

170) Ebenda

171) Gesprächsprotokoll der Klinikleitung mit der diensthabenden Gynäkologin vom 16. 1. 2013

172) Telefonische Mitteilung vom Pressesprecher Christoph Leiden an den Autor am 15. 4. 2015

173) Hospitalvereinigung: Presseerklärung „Katholische Kliniken gewährleisten Versorgung vergewaltigte Frauen", 17. 1. 2013

174) Hospitalvereinigung: Presseerklärung vom 17. 1. 2013

175) KStA: Nur eine Kommunikationspanne? 17. 1. 2013

176) Hospitalvereinigung: Presseerklärung vom 17. 1. 2013

177) Vgl. die „zweite Gesprächsversion" im 10. Kapitel

178) KStA: Nur eine Kommunikationspanne? 17. 1. 2013

179) Telefonische Mitteilung von Christoph Leiden an den Autor am 10. 11. 2015

180) Ärzteverband Südwestfalen: Vorauseilende Entschuldigung. Lebensschutz: Der Fall einer Frau, der an einer katholischen Klinik die Behandlung angeblich verweigert wurde, stellt sich offenbar anders dar. Von Thorsten Brückner, publiziert am 7. 2. 2013 als Artikelübernahme aus der ‚Jungen Freiheit' vom 1. 2. 2013

181) Kepplinger, Hans Mathias: Die Mechanismen der Skandalisierung, S. 142

182) Ebenda, S. 143

183) KStA: Erzbistum spricht von einem Einzelfall, 17. 1. 2013

184) KStA: Kliniken weisen Vergewaltigte ab, 16. 1. 2013

185) KStA: Aggressiv-antikirchliche Stimmungen. Von Joachim Frank, 8. 2. 2013. In dem Artikel wird aus einem „Brief Kardinal Joachim Meisners an die kirchlichen Mitarbeiter im Erzbistum Köln" zitiert.

186) Ebenda

187) Pressemitteilung der Hospitalvereinigung: Kölner Klinikverbund arbeitet Vorwürfe auf, 21. 1. 2013

188) Pressemitteilung der Hospitalvereinigung: Wir weisen keine Opfer von sexueller Gewalt ab, 6. 2. 2013

189) Ebenda

190) CellitinnenForum. Zeitschrift der Stiftung der Cellitinnen zur hl. Maria, Vorwort des Stiftungsvorsitzenden, Heft 1/2013

191) WDR-Sendung „Lokalzeit aus Köln", 22. 1. 2013

192) Pressestelle des Erzbistums Köln: Beschämender Vorgang darf sich nicht wiederholen, 22. 1. 2013. Das Entschuldigungsschreiben von Kardinal Joachim Meisner wurde am gleichen Tag vom Kölner Domradio veröffentlicht unter dem Titel: „Beschämender Vorgang".

193) Vgl. Pressestelle des Erzbistums Köln: Information. Behandlung von Vergewaltigungsopfer in katholischen Kliniken, 31. 1. 2013. Diese „Information" der erzbischöflichen Pressestelle ist nicht unter deren „Presseerklärungen" dokumentiert und archiviert, so die Auskunft der Service-Verantwortlichen.

194) Deutsche Bischofskonferenz (DBK): Predigt von Kardinal Joachim Meisner in der Eucharistiefeier bei der Frühjahrs-Vollversammlung der Deutschen

Bischofskonferenz am 14. 2. 2013 in Trier, Pressemitteilung vom 21. 2. 2013, Nr. 037

195) Pressemitteilung der Deutschen Bischofskonferenz: Pressebericht des Vorsitzenden der Deutschen Bischofskonferenz, Erzbischof Dr. Robert Zollitsch, anlässlich der Pressekonferenz zum Abschluss der Frühjahrs-Vollversammlung der Deutschen Bischofskonferenz in Trier am 21. Februar 2013. 21. 2. 2013, Nr. 038

196) Vgl. einen Bericht der Kirchenzeitung Köln vom 1. 3. 2013

197) Mail von Prof. Dr. Rudolf Schöttler vom 7. 1. 2015

198) Ebenda

199) Ebenda

200) Mail vom Pressesprecher des Erzbistums Köln, Christoph Heckeley, an den Autor mit Datum vom 15. 5. 2015

II. Zwei Medienpreise für die Skandal-Geschichten

13. Kein Sinneswandel des Kölner Kardinals zur ‚Pille danach'

201) So etwa die ZEIT: „Kardinal Meisners Kehrtwende in der Pillenfrage", in: ZEIT-ON-LINE: Kölner Kardinal Meisner beklagt „Katholikenphobie", 8. 2. 2013. Der Ausdruck „Kehrtwende" hatte sich auch bei Spiegel, SZ, FAZ, Tagesspiegel und vielen anderen Presseorganen festgesetzt.

202) KStA: Meisner erlaubt die „Pille danach". Von Joachim Frank, 31. 1. 2013

203) KStA: Auszeichnung für KStA. Wächterpreis für Klinik-Recherchen, 8. 4. 2014

204) Wächterpreis-Seite: Die Wächterpreisträger in zeitlicher Reihenfolge. Jury-Begründung für den 2. Preis 2014, siehe: http://www.anstageslicht.de/waechterpreis/die-waechter-preistraeger-in-zeitlicher-folge/

205) Pressestelle des Erzbistums Köln: Beschämender Vorgang darf sich nicht wiederholen, 22. 1. 2013

206) Ebenda

207) KStA: Aggressiv-antikirchliche Stimmungen, 8. 2. 2013

208) KStA: Wächterpreis für Kliniken-Recherchen, 8. 4. 2014

209) WDR-Magazin WESTPOL: Katholischer Krankenhausverband hält „Pille danach" für vertretbar und will Gespräche mit Bischöfen aufnehmen, 27. 1. 2013

210) katholisch.de: Landtag debattiert über Kölner Klinik-Fall, 24. 1. 2013, hier Abschnittsüberschrift: Experten wollen sachliche Debatte über ‚Pille danach'

211) Stellungnahme des Ethikrates: „Postkoitale Antikonzeption („Pille danach")". Herausgegeben vom ‚Trägerübergreifenden Ethikrat im Bistum Trier', März 2013, S. 8

212) Ebenda, S. 21. Die Stellungnahme wurde von der „überwiegenden Mehrheit" der 12 Mitglieder des Ethikrates unterstützt. Eine „dezidierte Gegenposition" vertrat Prof. em. Dr. Johannes Reiter, Moraltheologe aus Mainz, vgl. S. 5 der Dokumentation.

213) Pressestelle des Erzbistums Köln: *„Erklärung"* des Erzbischofs von Köln, 31. 1. 2013. Zu der *„Erklärung"* wurde auch eine *„Erläuterung der Pressestelle des Erzbistums Köln"* mit gleichem Datum veröffentlicht. Ebenfalls publizierte das Kölner Domradio die beiden Dokumente am 31. 1. 2013 unter dem Titel: Ethische Konsequenz. Kardinal Meisner erlaubt Form der ‚Pille danach'.

214) Christ & Welt, Beilage der Zeit zu Glaube, Geist und Gesellschaft: Wo eine Pille, da ein Weg. Interview mit PD Dr. Stephan Sahm, Chefarzt am Ketteler-Krankenhaus in Offenbach, 24. 1. 2013, S. 2

215) Formulierungen aus der „Erklärung" des Erzbischofs

216) Zitate aus der „Erläuterung der Pressestelle des Erzbistums Köln", dem zweiten Teil der Publikation vom 31. 1. 2013

217) Diese Formulierung aus der „Erklärung" nimmt offensichtlich Bezug auf die ‚Stellungnahme des (Trierer) Ethikrates'. Dort wird die Einschränkung gemacht: „vorbehaltlich möglicher neuer Erkenntnisse über die Wirkmechanismen" der ‚Pille-danach'-Präparate. An anderer Stelle wird von der „Notwendigkeit" gesprochen, „die Wirkweisen der medikamentösen postkoitalen Antikonzeption (...) weiter zu erforschen". Ebenda S. 23.

218) Zitat aus der „Erläuterung der Pressestelle des Erzbistums Köln"

219) Ebenda

220) Frankfurter Allgemeine Zeitung: Fernseh-Frühkritik „Günther Jauch". Eiertanz um die Phantompille. Von Christian Geyer-Hindemith, 4. 2. 2013

221) Der Brief wurde publiziert vom KStA, siehe: http://www.ksta.de/
blob/6162918/cda100beb406e3618d7298d127abcff0/kardinal-meis-
ners-rundbrief-data.pdf

222) Stellungnahme des Ethikrates im Bistum Trier, März 2013, S. 19

223) Ebenda, S. 18

224) Diese Meinung vertreten laut dem Beitrag: ‚Landtag debattiert über Kölner
Klinik-Fall' vom 24. 1. 2013 in katholisch.de der Moraltheologe Eberhard
Schockenhoff und der Medizinethiker Stephan Sahm. Letzterer sagt Gleich-
lautendes in: Christ & Welt: Wo eine Pille, da ein Weg. Interview mit Dr.
Stephan Sahm, 24. 1. 2013

225) Dr. med. Rahel Gürber und Dr. med. Bernhard Gappmaier: Pille danach. Brief
an die deutsche Bischofskonferenz zur ‚Pille danach', 16. 2. 2013, in: Medizin
& Ideologie, Informationsblatt der Europäischen Ärzteaktion 01/13, S. 22-26

226) Vgl. kath.net: ‚Pille danach'-Debatte – Wurden Worte des Kardinals manipuliert? 8. 2. 2013

227) Linder, Alexandra Maria: Plötzlicher Stoffwechsel? in: LebensForum, Zeitschrift der Aktion Lebensrecht für Alle e. V. (ALfA), 2. Quartal 2015, S. 17 – 19

228) KStA: Klinikskandal. Aufsichtsrat kritisiert Ärzte-Gängelung. Von Joachim
Frank, 22. 1. 2013

229) Vgl. Wikipedia-Eintrag zum Wirkstoff Levonorgestrel, Zugriff am 1. 10. 2017

230) Zitiert aus: Linder, Alexandra Maria: Plötzlicher Stoffwechsel? in: LebensForum, 2/2015, S. 17

231) Ebenda

232) Ehmann, Rudolf, Dr. med: Forschung. Die Diskussion über die Wirkung der
modernen ‚Pille danach' in Deutschland, in: Medizin & Ideologie, Informationsblatt der Europäischen Ärzteaktion 03/13, S. 8f

233) Vergleiche die Aussagen im Beitrag: Plötzlicher Stoffwechsel? Von Alexandra
Maria Linder, in: LebensForum 2/2015

234) Ehmann, Rudolf: Die Diskussion über die Wirkung der modernen ‚Pille danach' in Deutschland. in: Medizin & Ideologie 03/13, S. 9

235) Ehmann, Rudolf: Forschung. Zur Kontroverse um Wirkungsmechanismen von Postkoitalpillen, II. Teil. in: Medizin & Ideologie, Informationsblatt der Europäischen Ärzteaktion 01/14, S. 12

236) Nachweis im Beitrag: Plötzlicher Stoffwechsel? Von Alexandra Maria Linder, in: Lebens-Forum 2/2015, S. 19

237) Frau Dr. Gemzell Danielsson, Professorin am Karolinska-Institut in Stockholm, wurde 2009 Präsidentin der 'Internationalen Vereinigung von Fachkräften und Verbänden zu Schwangerschaftsabbruch und Kontrazeption' (FIAPAC) als Nachfolgerin des Wiener Arztes Dr. Christian Fiala, der Abtreibungskliniken betreibt. Die einschlägige Publikation von 2012: Gemzell-Danielsson, K, Berger, C: Emergency contraception – mechanismen of action. Contraception

238) Hinweis im Beitrag: Plötzlicher Stoffwechsel? Von Alexandra Maria Linder, in: Lebens-Forum 2/2015, S. 18

239) katholisches.info: Kardinal Meisner: Dammbruch in Deutschland – Aktion gegen Aufgabe nicht verhandelbarer Werte, 20. 2. 2013

240) katholisches.info: Meisner lässt „Pille danach"-Kritikern antworten – mit einer Antwort, die keine ist. In dem Beitrag ist der Antwortbrief vom erzbischöflichen Geheimsekretär dokumentiert.

241) Ehmann, Rudolf: Die Diskussion über die Wirkung der modernen ,Pille danach' in Deutschland. in: Medizin & Ideologie, Informationsblatt der Europäischen Ärzteaktion 03/13, S. 9

242) Domradio Köln: Die Fakten zur ,Pille danach', 6. 2. 2013

243) Ehmann, Rudolf: Die Diskussion über die Wirkung der modernen ,Pille danach' in Deutschland. in: Medizin & Ideologie, Informationsblatt der Europäischen Ärzteaktion 03/13, S. 9

244) Pressestelle des Erzbistums Köln: Update des Frauenärzte-Berufsverbands: „Pille danach" verschiebt Eisprung, 5. 2. 2013

245) kath.net: Frauenärzteverband: ,Pille danach' verschiebt Eisprung, 5. 2. 2013

246) kath.net: ,Pille danach' seit Freigabe deutlich häufiger verkauft, 21. 7. 2015

247) Augsburger Allgemeine: Verhütung. ,Pille danach' bald rezeptfrei: Was sind die Vorteile und was die Risiken? 6. 3. 2015

248) Junge Freiheit: Eine ausgezeichnete Kampagne. Von Rudolf Schöttler, 16. 5. 2013

249) Alle folgenden Zitate aus Meisners „Erklärung des Erzbischofs von Köln" vom 31. 1. 2013 sowie der „Erläuterung der Pressestelle des Erzbistums Köln" vom gleichen Tage

250) Deutschlandfunk – Kommentar: Der Schwenk des Kölner Erzbischofs. Von Joachim Frank, 2. 2. 2013

251) Die Formulierung „verbrecherische Befruchtung" ist in der „Erläuterung" der Pressestelle des Erzbistums gebraucht.

252) Informationen aus dem Leserbrief von Prof. Dr. Martin Rhonheimer vom 28. 2. 2013 mit dem Titel: In der Verantwortung des handelnden Arztes, in: Die Tagespost, katholische Zeitung für Politik, Gesellschaft und Kultur

253) kath.net: Köln korrigiert: Papst wusste nichts über Vorstoß zur ‚Pille danach', 12. 2. 2013

254) kath.net: Erzbischof Gänswein und die Kölner Erklärung zur ‚Pille danach'. Prof. Manfred Spieker nimmt Stellung zu fehlerhaften spanischen Medienberichten, 19. 2. 2013

255) KStA: „Wie soll das gehen? Ein Papst im Ruhestand!" Interview mit Kardinal Joachim Meisner von Joachim Frank, 12. 2. 2013

256) Kath.net: Erzbischof Gänswein und die Kölner Erklärung, 19. 2. 2013

257) KStA: Pille danach: Irritation um Anruf Meisners. Von Joachim Frank, 19. 2. 2013

258) Pressestelle des Erzbistums Köln: Kein Widerspruch zwischen den Aussagen, 20. 2. 2013

259) Kölner Stadt-Anzeiger: Meisner erlaubt die „Pille danach". Von Joachim Frank, 31. 1. 2013

260) KStA: Pille danach. Meisner zeigt sich lernfähig. Von Wolfgang Wagner, 1. 2. 2013

261) WeltN24: https://www.welt.de/regionales/koeln/article113414950/Viele-Kirchenaustritte-nach-Koelner-Klinikskandal.html, vom 6. 2. 2013

262) Kölner Stadt-Anzeiger: Meisner erlaubt die „Pille danach". 31. 1. 2013

263) Ebenda

14. Eine ausgezeichnete Medien-Kampagne

264) KStA: Journalistenpreis. Peter Berger ausgezeichnet, 31. 12. 2013

265) Ebenda

266) http://www.mediummagazin.de/hintergrund/die-journalisten-des-jah-res-2013/#autorreg

267) Wächterpreis-Seite: Die Kehrtwende – das Making-Off. Von Peter Berger, Kölner Stadt-Anzeiger. Siehe: http://www.anstageslicht.de/themen/religion/katholische-kirche-und-pil-le-danach/making-of-kehrtwende-bei-pille-danach/

268) Information von Christoph Leiden, Pressesprecher der Hospitalvereinigung zur hl. Maria, in einer Mail vom 16. 1. 2017 an den Autor

269) Deutschlandfunk: „Wieder mal die Katholische Kirche". Von Sören Brink-mann, 10. 8. 2013, siehe: http://www.deutschlandfunk.de/wieder-mal-die-ka-tholische-kir-che.761.de.html?dram:article_id=257369

270) WeltN24: „Was Wahrheit ist, definiert keine Regierung". Interview mit Ma-thias Döpfner, von Antje Homburger und Esteban Engel, 1. 2. 2017, siehe: https://www.welt.de/wirt-schaft/article161717645/Was-Wahrheit-ist-defi-niert-keine-Regierung.html

271) Deutschlandfunk: „Wieder mal die Katholische Kirche", 10. 8.

272) Ebenda

273) KStA: Nur eine Kommunikationspanne?, 17. 1. 2013. Der skandalisierende Teil des Artikels ist im 4. Kapitel behandelt

274) KStA: Auszeichnung für den ‚KStA'. Wächterpreis für Klinik-Recherchen, 8. 4. 2014

275) Informationen auf der Wächterpreis-Seite, siehe: http://www.anstageslicht.de/waechter-preis/die-jury/

276) Wächterpreis-Seite: Der Wächterpreis der Tagespresse. Siehe: http://www.anstages-licht.de/waechterpreis/waechterpreis-tagespresse/

277) Wächterpreis-Seite: Die Wächterpreisträger in zeitlicher Reihenfolge. Jury-Begründung für den 2. Preis 2014, siehe: http://www.anstageslicht.de/waechterpreis/die-waechter-preistraeger-in-zeitlicher-folge/

278) KStA: Verstörender Rigorismus der Kirche, 17. 1. 2013

279) Vgl. https://www.autor-joachim-frank.de/

280) KStA: Nur eine Kommunikationspanne? 17. 1. 2013

281) KStA: Neue Vorwürfe gegen Kliniken. Von Peter Berger und Joachim Frank, 18. 1. 2013

282) Siehe https://www.autor-joachim-frank.de/

283) Anzeigen-Sonderveröffentlichung des KStA: 140 Jahre KStA, 4. 11. 2016

284) Wächterpreis-Seite: Autor Joachim Frank

285) Ebenda

15. Kratzer am Glanz der Preisträger

286) Wächterpreis-Seite: Die Kehrtwende – das Making-of. Von Peter Berger, siehe: http://www.anstageslicht.de/themen/religion/katholische-kir-che-und-pille-danach/making-of-kehrtwende-bei-pille-danach/

287) KStA: Sexualstraftaten. Anonyme Spurensicherung ohne Zwang. Von Peter Berger, 17. 1. 2013

288) Die Welt und SPIEGELONLINE berichteten darüber; Zitat-Belege im Kapitel 4

289) Nach einer Information von Martin Lohmann; E-Mail an den Autor vom 13. 11. 2015

290) KStA: Kirche setzt Ärzte unter Druck, 16. 1. 2013

291) So die Auskunft von Irmgard Kopetzky vom Kölner ‚Notruf und Beratung für vergewaltigte Frauen' in einem Telefonat am 22. 10. 2015

292) Nach einem WDR-Bericht vom 17. 1. 2013 bestätigte die Kölner Polizei-Spre-cherin, dass die Vergewaltigte eine Anzeige erstattet hatte.

293) Wächterpreis-Seite: Die Kehrtwende – das Making-of. Von Peter Berger

294) Nach der Mitteilung eines Bekannten hatte Joachim Frank ihm eine ähnliche Argumentation wie Berger in einer Mail vom 5. 9. 2014 übermittelt.

295) KStA: Peter Berger ausgezeichnet, 31. 12. 2013

296) kath.net: Der ‚Kölner Klinik-Skandal' war eine Medienkampagne. Von Werner Rothenberger, 15. 1. 2014

297) kath.net: Vom ‚Kölner Klinik-Skandal' zum ‚Kölner Medien-Skandal'. Von Rudolf Schöttler, 27. 1. 2014; Prof. Dr. Rudolf Schöttler war ein weiterer Impulsgeber für die vorliegende Studie.

298) DIE FREIE WELT. Internet- und Blogzeitung für die Zivilgesellschaft: ‚Journalist des Jahres 2013'. Auszeichnung für eine antikatholische Kampagne, 31. 1. 2014

299) gloria.tv: Eine Skandalisierungskampagne gegen Kirche und Kardinal. Von Hubert Hecker und Rudolf Schöttler, 13. 5. 2013

300) Blog Forum Deutscher Katholiken: Die ‚Kölner Klinikenaffaire' entpuppt sich als Medienskandal. Von Hubert Hecker und Rudolf Schöttler, 18. 5. 2014

301) Junge Freiheit: Eine ausgezeichnete Kampagne. Journalismus gegen die Kirche: Trotz unsauberer Recherche erhalten zwei Reporter den Wächterpreis. Von Rudolf Schöttler, 16. 5. 2014

302) katholisches.info: Medienkampagne gegen Kirche, Kliniken und Kardinal. Von Hubert Hecker, 13. 5. 2013

303) https://brightsblog.wordpress.com/tag/joachim-frank/

304) kath.net: Die Wahrheit als Maßstab – welch ein Anspruch! Vortrag von Martin Lohmann am 1. 5. 2014 im Institut für Gesellschaftswissenschaft Walberberg, publiziert am 5. 5. 2014

305) Frankfurter Rundschau: Wächterpreis 2014. Recherche gegen alle. Von Oliver Teutsch, 17. 5. 2014

306) Ebenda

16. Ein Presseportal blamiert die Journalistenzunft

307) Wächterpreis-Seite: Die Berichterstattung des Kölner Stadt-Anzeigers. Alle Berichte der Kölner Tageszeitung, die die Katholische Kirche innerhalb von sechs Wochen zum Einlenken brachten. Online seit dem 4. 5. 2014, siehe: http://www.anstageslicht.de/the-men/religion/katholische-kirche-und-pille-danach/die-berichte-des-koelner-stadtanzeiger-2013/koelner-stadtanzeiger/

308) Wächterpreis-Seite: Der ganze Vorgang im Überblick, siehe: http://www.anstages-licht.de/themen/religion/katholische-kirche-und-pille-danach/ueberblick-pille-danach-katho-lische-krankenhaeuser/

309) Antwort-Mail von Prof. Johannes Ludwig vom 24. 9. 2014 auf den Fehlerhinweis des Autors

310) Antwortbrief von Dr. Hermann Rudolph vom 1. 12. 2014 an den Autor

311) Ebenda

17. Medienkritische Erwägungen

312) Ippen, Dirk: Freiheit braucht Mut. Festrede bei der Verleihung des Wächterpreises der Tagespresse am 18. 5. 2011, dokumentiert in medium:online. magazin für journalisten, siehe: http://www.mediummagazin.de/hintergrund/freiheit-braucht-mut/

313) Die Warnung Ippens vor medialer Zeitgeistverstärkung und Schweigekartell wird in Titel und Inhalt des neuen Buches von Hans Mathias Kepplinger aufgenommen: Totschweigen und Skandalisieren. Was Journalisten über ihre eigenen Fehler denken, Köln 2017

314) Kepplinger, Hans Mathias: Mechanismen der Skandalisierung, S. 56

315) Kepplinger, Hans Mathias: Totschweigen und Skandalisieren

316) Ebenda S. 72-80

317) Ebenda S. 68

318) Ebenda S. 78f

319) Ebenda S. 79

320) Ebenda S. 80

321) KStA: Kirche setzt Ärzte unter Druck, 16. 1. 2013

322) KStA: Kliniken weisen Vergewaltigte ab, 16. 1. 2013

323) FAZ-Interview mit Jeroen Dijsselbloem, publiziert am 21. 3. 2017

324) faz.net: Frauen und Alkohol. Italien, Land des Postfaktischen. Von Tobias Piller, 25. 3. 2017, siehe: http://www.faz.net/aktuell/feuilleton/italien-erregt-sich-ueber-ein-falsches-zitat-14940756.html

325) Ebenda

326) Kepplinger, Hans Mathias: Die Mechanismen der Skandalisierung, S. 52

327) Ebenda

328) Die betreffenden Manipulationen sind im 2. Kapitel dieses Buches ausführlich beschrieben.

329) Vgl. die Darlegungen in den Kapiteln 4 bis 9

330) faz.net: Italien, Land des Postfaktischen, 25. 3. 2017

331) Ebenda

332) Vgl. Kepplinger, Hans Mathias: Totschweigen und Skandalisieren, S. 16ff

333) Ebenda S. 10

334) Aus einer Medienstudie des Bayrischen Rundfunks, zitiert nach Kepplinger, Hans Mathias: Totschweigen und Skandalisieren, S. 26

335) FAZ: Wie Medien über die Flüchtlingskrise berichteten. Von Ursula Scheer, 21. 7. 2017

336) FAZ: Glaubwürdigkeit und Relevanz sind wichtiger denn je. Interview mit dem ZDF-Intendanten Thomas Bellut von Michael Hanfeld, 23. 3. 2017

337) ARD-Tagesschau: Wie umgehen mit Fake News? Von Patrick Gensing, 3. 4. 2017; http://faktenfinder.tagesschau.de/debatte-fake-news-101.html

338) KStA: Zur Kampagne „seriös, zuverlässig, glaubwürdig". Danke für Ihr Vertrauen. Editorial von Chefredakteur Carsten Fiedler, 15. 8. 2017

339) KStA: Die Aktion. Information zur Kampagne, 16. 8. 2017

340) KStA: Zeitung ist ein Kulturgut. Gespräch mit dem Medienwissenschaftler Jochen Hörisch. Gesprächspartner Joachim Frank, 15. 8. 2017

341) KStA: „Redaktionen sind Instanzen der Selbstkontrolle". Gespräch mit der Schauspielerin Annette Frier. Gesprächspartner Joachim Frank, 16. 8. 2017

342) KStA: „Wir können die Wahrheit nur einkreisen". Pfarrer Franz Meurer im Gespräch über Fairness, harte Fakten und seine Erfahrungen mit dem Journalismus, 23. 8. 2017

343) KStA: Zur Kampagne „seriös, zuverlässig, glaubwürdig", 15. 8. 2017

344) FAZ: Die Nackte auf dem Altar. Von Andreas Ross, 4. 1. 2014

345) Kirchenzeitung für das Erzbistum Köln: Medien werden von Aktivisten gefüttert, 17. 1. 2014

346) Kölner EXPRESS: „Der Dom wird kein Hochsicherheitstrakt". EXPRESS-Intervierw mit Dompropst Norbert Feldhoff nach dem Nackt-Eklat, 15. 1. 2014

347) KStA: Kasalla-Frontmann im Interview: „Lokale Themen sind für mich immer interessant". Gespräch mit dem Kasalla-Frontmann Bastian Kampmann. Gesprächspartnerin Jennifer Wagner, 16. 8. 2017

348) Ebenda

349) KStA: „Das Ideal der guten Kommunikation". Ein Interview mit dem Medienwissenschaftler Bernhard Pörksen. Von Joachim Frank, 16. 2. 2018

350) FAZ: Fremde Federn. Wir Journalisten. Von Günther Lojewski, 28. 2. 2014

Zeitfracht Medien GmbH
Ferdinand-Jühlke-Straße 7
99095 Erfurt, Deutschland
produktsicherheit@kolibri360.de